Dieter Zimmermann

SCHEITEL LINKS ODER RECHTS?

Eine haarige Zeitreise

IMPRESSUM

1. Auflage 2019

Herausgeber, Buchgestaltung:
Johannes Rösler, AbisZ-Verlag
www.AbisZ-Verlag.de

Cover:
Helmut Hruschka
www.hruschka-creaton.de

Herstellung:
Books on Demand GmbH, Norderstedt
ISBN 978-3-946666-09-7

INHALT

Einleitung

Kennen Sie noch die „Farah-Diba-Frisur“ oder den „Bubikopf“, „Lumumba-Krause“ oder den „Pilzkopf“? Sie alle sind Frisurenstile einhergehend mit der Zeitgeschichte! Meine Aufzeichnungen belegen, innerhalb von nur 70 Jahren, einen grandiosen Wandel im Ausdruck der Frisur, der Friseursalon-Einrichtung und der Menschen.

In allen Lebensphasen spielte das Aussehen eine ganz besondere Rolle. Haare konnten schon immer Mode, Trend oder auch Protest ausdrücken. In diesem Buch will ich aufzeigen, wie der Friseur von der Bedürfnisanstalt zum unentbehrlichen Begleiter und Hoffnungsträger geworden ist. Umrahmt werden die Texte von allerlei herrlichen und herzlichen Geschichten, die ich erlebt und nun niedergeschrieben habe.

Habe ich Ihr Interesse geweckt? Dann verspreche ich Ihnen, es geht nicht um das Haar in der Suppe, sondern um Haare, die unsere Persönlichkeit frisieren.

Haare als Optik eigenen Denkens

Zu allen Zeiten haben Menschen sich im Spiegel betrachtet und sich mit Haaren beschäftigt. Haare als Schutz, aber auch ganz besonders als Schmuck. Als Ausdruck von Schönheit und Persönlichkeit.

Gutes Aussehen spielte für die Mehrzahl der Menschen schon immer eine ganz besondere Rolle. Haare können Protest, Trend und Grazie zugleich ausdrücken. Ob Gepflegtheit oder Revolte, Haare sind immer der optische Schein. Man will sich und dem Umfeld gefallen oder auch nicht. In jedem Fall sind Haare die Optik eigenen Denkens.

Ich glaube, diese Faszination für Haare haben meine Eltern damals bewogen, den Friseurberuf zu erlernen.

Mein Ursprung

Meine Mutter, Gertrud Zimmermann, geb. Weiß, ist die jüngste Tochter von sechs Kindern und stammt aus einer Metzgerfamilie in Zell im Wiesental. Als Einzige setzte sie sich durch, nicht auch noch in der Metzgerei stehen zu müssen. Mein Vater, Karl Zimmermann stammt aus Lörrach-Stetten. Als Sohn einer Arbeiterfamilie waren ihm schon als Jugendlicher Frisur, Anzug, Hut und Schuhe immer sehr wichtig; also kurzum: richtig gutes Aussehen und Auftreten!

Beide lernten damals in führenden Friseurgeschäften in Lörrach und Lörrach-Stetten. Der Zufall sollte es bringen, dass die beiden Lehrlinge aufeinander trafen. Er ging am Lehrsalon meiner Mutter vorbei und sah, wie sie, wie jeden Tag, das traditionelle Friseurzeichen draußen vor der Tür an einer Halterung anbringen wollte. Dieses Zeichen war eine runde, metallene Friseurrasierschale. Sie sollte den Kunden zeigen, dass der Salon geöffnet war. Am Abend wurde diese Schale wieder hereingeholt und der Ladenschluss war vollzogen.

Da meine Mutter aber relativ klein war und zum Anbringen dieser Schale arg auf die Zehenspitzen gehen musste, sah dies mein Vater und bot ihr seine Hilfe an. Dieser Augenblick war der Beginn, und offensichtlich ausreichend, für eine gemeinsame Zukunft.

In einer überaus glücklichen Ehe, erfreut über die Geburten von Sohn Dieter und Tochter Iris, die gemeinsame Gründung ihres Damen- und Herrensalons 1948 in Zell i.W. und nach einem erfüllten Friseurleben beendeten sie beide nach 50 Arbeitsjahren ihre Karriere in ihrem geliebten Beruf.

In dieser Zeit bildeten sie unzählige Lehrlinge aus, schufen Beschäftigung, gründeten Filialen in Hausen und Schopfheim und investierten in den Bau eines 4-stöckigen Geschäftshauses in Zell, das sie durch viel Fleiß, Verzicht und Sparsamkeit schuldenfrei übergeben konnten.

Während 30 Jahren leisteten sie sich keinen Urlaub, in den 50 Jahren waren beide jeweils nur 4 Wochen krank, sie kauften sich nie ein neues Auto; um nur ein paar Dinge zu nennen. Dafür investierten sie jede erdenkliche Mark in die Qualität der Arbeit und Nachhaltigkeit.

Mit diesen Attributen ging das Erbe und Rüstzeug an die nächste Friseurgeneration über, an Tochter Iris Hinkelmann in Zell und Hausen und an Sohn Dieter Zimmermann in Schopfheim, wo heute bereits die dritte Generation durch Enkelin Jasmine Schöne die Friseur-Historie weiterführt.

Meine Aufzeichnungen, Erinnerungen und Erlebnisse in diesem Buch beziehen sich auf die Epoche nach dem 2. Weltkrieg bis heute.

In 70 Jahren hat sich so viel verändert, dass es für mich Pflicht und Freude ist, dies festzuhalten und niederzuschreiben.

Mein Werdegang

Ich wurde 1947 geboren, in einer Zeit, wo Deutschland am Boden lag und im Begriff war, sich wieder aus dem Nichts, aus dem zerstörten Überbleibsel des 2. Weltkrieges aufzurichten und weiter anzupacken. Meine Mutter hatte immer erzählt, dass sie nichts hatten außer mich, ihren Sohn Dieter Zimmermann, geboren am 23. Juli 1947.

Und mit Nichts fingen sie an. Alles hatten sie sich ausgeliehen: Tisch, Stühle, Bett und vieles mehr; von einer gönnerhaften Familie, in der meine Mutter im Haushalt gearbeitet hatte.

Hierzu muss man wissen, dass wir am Anfang recht ärmlich in einer 50 Quadratmeter großen Wohnung gelebt haben, ohne Bad und Kinderzimmer, nur mit einem Holzofenherd, die Toilette auf einer kleinen Laube im Freien und eine Mini-Küche mit Schüttstein. Da war nichts mit Elektroherd, Waschmaschine, Trockner oder Geschirrspüler. Der Küchenschrank wurde drei Mal umgestrichen und am Samstag war jeweils Badetag, in einem Waschzuber für alle. Der Gefrierschrank kam auch viel später. Dafür kannte man kein Essen aus der Dose, was bedeutete, dass immer Frisches aufgetischt wurde.

Im Laufe der Zeit erarbeiteten sie sich Stück für Stück zu ihrem Eigentum. Die Gründung ihres Salons im Jahre 1948 in Zell in der Wiesenstraße, auch „Speckzinke“ genannt, legte den Grundstein, um sich peu à peu von Armut zu befreien. Heute bin ich froh, in solchen Verhältnissen aufgewachsen zu sein.

Der Damen- und Herrensalon meiner Eltern 1950 in der Wiesenstraße in Zell i.W., auch „Speckzinke“ genannt. In der Mitte: ich, links und rechts 2 Gesellen, dahinter meine Eltern.

Es wurde diszipliniert hart gearbeitet und vor allem gespart. 40-Stunden-Woche war reine Utopie, Ferien ein totales Fremdwort. Der Traum vom Auto blieb ein Traum, selbst mal Essen gehen in einer Gaststätte blieb ein Luxus, den man sich nicht erlaubte.

Dafür war sonntags immer „Family Day“. Dies beinhaltete einen gemeinsamen Spaziergang, spielen auf dem Fußballplatz oder auch nur mit dem Kissen am Fenster zur Straße runterhängen, um mit den Nachbarn vis à vis, die das Gleiche taten, zu ratschen oder den wenigen Autos sehnsuchtsvoll nachzuschauen.

Für mich gab es mal, wenn überhaupt, bei einer guten Umsatzwoche im Salon, eine Kugel Eis oder bei einer sehr guten Note in der Schule, was selten genug vorkam, ein Kinobesuch im Zeller Kino.

Im Winter marschierte ich mit etwa 5 weiteren Jugendlichen, meist sonntags, von Zell nach Schlechtbach, ca. 2 Stunden, um dort Ski zu laufen. Zuvor waren wir aber noch in der Frühmesse, die wir jedoch nach der Wandlung verließen, um mit unserem Vesper in der Tasche unserer Flatterskihose endlich losmarschieren zu können. Wir wollten möglichst die Ersten am Hang sein.

Damals gab es weder einen Skilift noch einen Kiosk oder Ähnliches. Dafür konnten wir am Abend die ganze Strecke, die wir hoch gelaufen waren, in rasantem Tempo wieder runter fahren, bis vor die Haustüre in Zell. Es gab eben damals noch richtig viel Schnee und dies auch über Wochen hinweg.

Im Sommer gab es für mich nur ein Kleidungsstück, und dies war die krachlederne Lederhose. Unverwüstlich, speckig und praktisch.

Mit meinen Eltern wurde im Sommer alles gesucht, gesammelt und geerntet was es zu finden gab: Pfifferlinge, Heidelbeeren, Himbeeren und Kirschen. Man hatte keine Ahnung von Markenklamotten, Fernsehen, Handys oder Twitter.

Warum schreibe ich dies? Ganz einfach, um zu dokumentieren wie zufrieden und glücklich die Menschen zu dieser Zeit auch waren. Es gab eine klare Grundordnung: Freundlichkeit, Sauberkeit und Zuverlässigkeit. Dies waren Attribute, die gerade in den Friseurberuf unverzichtbar hineinspielten. Hinzu kam für mich eine gute Allgemeinbildung, die mir in der Realschule in Zell vermittelt wurde. Mit einem Realschulabschluss in der Tasche, sich für die Ausbildung zum Friseur zu entscheiden, war damals selbst für meine Lehrer nicht ganz nachvollziehbar. Für manchen Kunden schon gar nicht. Dass dies mir aber im späteren Verlauf meines Berufsweges viele Türen öffnete, war in erster Linie meinem Vater zu verdanken. Er sagte immer: „Du muesch wie än Ingenieur der Friseure werden." Was soviel hieß wie: „Du muesch ganz vorne mitschwimme."

Was mir dann auch gelang, zumindest zu meiner Zufriedenheit. Ich wurde Innungs-, Kammer- und Landessieger und gewann etliche Friseur-Wettbewerbe. Ich war 12 Jahre als Lehrkraft in führender Position an der Friseur-Schule Amann in Lörrach und danach 15 Jahre als freier Mitarbeiter bei der Friseur-Firma Wella in Darmstadt tätig.

Mode-Demonstrationen in Schweden, Kanada und Amerika, sowie Vorträge für Wella an Kongressen in Deutschland, Österreich, der Schweiz und den Emiraten rundeten meine außerordentlichen Tätigkeiten ab. Ganz abgesehen von den unzähligen Salon-Schulungen, die ich durchführte um mitzuhelfen, dass das nicht immer glorreiche Image der Branche in ein anderes Licht gestellt wurde. Ich zeigte nämlich die Wichtigkeit und Wertigkeit der Arbeit des Friseurs auf, die sie für Mann und Frau haben. Selbst die Möglichkeit, in den Schulbetrieb als Gewerbelehrer umzusatteln wurde mir auf Grund der Realschulbildung angeboten.

Ich entschied mich allerdings für die sogenannte Arbeit am Stuhl, für das Spannende und Herausfordernde mit den Kunden und dem immerwährenden Neuen in unserem Beruf.

Künstler zu sein und parallel Betriebswirtschaftler, sprich Kaufmann, zu werden, waren faszinierende Aufgaben. Friseur zu sein ist ein wunderschöner Beruf; jedoch nur dann, wenn man damit auch gutes Geld verdient.

Meine Berufswahl

„Für was gohsch Du uf d´Realschul, wenn du Friseur werde willsch." Dies war so die einhellige Meinung vieler Kunden meines Vaters um die Zeit 1960. Kein Mensch wollte damals verstehen, dass auch im Handwerk eine höhere Schulbildung enorme Vorteile brachte.

Ich war z.B. der erste Friseur, der gefragt wurde, ob ich nicht zur Gewerbeschule wechseln wollte, weil sie unbedingt Lehrkräfte haben wollten, die aus dem jeweiligen Beruf stammten, der unterrichtet werden sollte, somit auch Friseure.

Oder später in der Industrie wäre es mir vorbehalten geblieben, in großen Firmen in Test-Salons oder Laboren zu arbeiten, ganz abgesehen als Studio-Leiter im In- und Ausland eingesetzt zu werden oder gar ins mittlere Management zu rutschen, um Produkte oder Schulungen zu planen und zu entwickeln.
Also nur soviel, warum höhere Schulbildung auch im Handwerk Sinn macht.

Im Übrigen war auch mein Vater sehr weitsichtig, als er mir immer einbläute: „Wenn dä Friseur wird, dann muesch ä Art Ingenieur der Friseure werden, also ganz bsunders guet."

Was immer er damit meinte, er behielt recht. Er sagte auch immer: „Du darfsch mache was dä willsch, aber wenn was afangsch, wird's au fertig gmacht. Hinterher darsch immer no was anderes mache."

Dann begann sein Schachzug.
Er sprach zu mir: „Also, jetzt häsch no nä Johr uf dä Realschul. Wärsch uf dä Hauptschul gsie, wärsch mit 14 fertig gsie und dätsch scho nä Johr schaffe. Da d´Realschul 2 Johr länger goht, chunsch du im letschte Johr jede Samschtig-Mittag in Salon um z´helfe und gliechzittig merksch du dann ob dir dä Friseurberuf Spaß macht."

Also musste ich im letzten Jahr meiner Realschulausbildung im Salon meiner Eltern mithelfen. Es war für mich der Super-GAU. Jeden Samstag, wenn ich aus der Schule kam, hatte ich schon einen solch dicken Hals, weil ich genau wusste, von 13 bis 17 Uhr war Einsatz im Salon eingefordert. Das Arbeiten war nicht das Schlimmste, aber zu wissen, dass ich dies eigentlich gar nicht müsste, war der blanke Horror, zumal alle meine Freunde genau in dieser Zeit Fußball spielten, im Schwimmbad waren oder sonst was machen konnten.

Ich ging jeden Samstag, bitte jeden Samstag, mit solch einer Scheißlaune in den Laden, bis mein älterer Herr meinte: „Dein mieses Gsicht nutzt Dir nüt, schaffe muesch trotzdem, und wenn scho schaffe muesch, chasch au ä freundlichs Gsicht mache."

So nach einer Stunde stellte sich meine Mimik um und manchmal war's halt dann auch schön. Ein Riesenvorteil war natürlich, dass ich nach einem Jahr samstäglicher Arbeit schon richtig gut schneiden konnte, denn alle meine Fußballkollegen und Freunde kamen zu mir zum Haareschneiden. Dies hatte mir sehr gefallen.

Doch der eigentliche Effekt nach diesem Jahr war nämlich der, dass als die Frage aufkam, was ich nun machen wollte, mir klar war: In einem anderen Beruf würde ich als blutjunger Stift ganz von vorne anfangen müssen. Ich hingegen war schon soweit, dass ich eigene Kundschaft bedienen konnte und nicht mehr als Lehrling angesehen wurde.

Und was mein Vater betraf: er wiederum vermied es tunlichst, mich bei Berufen, die mich auch interessierten in Praktika zu schicken. Wir hatten Architekten oder Technische Zeichner in unserer Kundschaft und beide Berufe hätten mich interessiert. Aber wie gesagt, Kontakte zu diesen Berufen wurden nie hergestellt. Heute weiß ich, dass dadurch sein Plan zu 100 Prozent aufging.

Heute allerdings schaue ich zurück ohne Reue, denn diesen Beruf würde ich wieder erlernen, allerdings mit vielen Entscheidungen, die ich nie mehr so treffen würde. Wie zum Beispiel neue Filialen zu eröffnen, in der Annahme damit doppelten Gewinn zu erzielen. Das Einzige was doppelt wurde, war die Arbeit, jedoch nie der Gewinn.

Aber dies ist natürlich ein ganz anderes Thema und man nennt solche Erfahrungen wohl Leben.

Ohne Fleiß kein Preis

Mein Vorsatz, in diesem Beruf ganz vorne mitschwimmen zu wollen, hat in mir einen enormen Ehrgeiz geweckt.

Hinzu kam eine Begebenheit, für die meine Mutter verantwortlich war: Ich war kaum sechs Wochen in der Lehre, da hatte sie die glorreiche Idee, bei Günter Amann aus Wehr, damals frisch gebackener Weltmeister der Friseure, eben mal anzufragen, ob er mich unter seine Fittiche nehmen und mir den Weg zum Wettbewerbsfrisieren ebnen könnte.

Dieser frisch gebackene Weltmeister erklärte sich bereit, mich einmal in der Woche zu trainieren, mit der Maßgabe: „Wenn er keinen Vogel bekommt, dann ja!“ So war sein Originalton.

Also stand das erste Training am Abend in Zell an. Ich hatte mir ein Modell besorgt und begann, eine Frisur zu gestalten. Ich frisierte und frisierte, weit über eine Stunde, und als ich glaubte, es perfekt zu haben, rief ich Herrn Amann zu mir, um mein Kunstwerk zu begutachten. Dieser hatte sich in der Zwischenzeit von meiner Mutter bestens bekochen lassen, denn gutes Essen war immer seine Leidenschaft.

Er jedenfalls kam zu mir, schaute die Frisur an und meinte: „Des häsch nit schlecht gmacht, wie lang bisch scho in dä Lehr?“
Ich meinte voller Stolz: „6 Woche.“
„Dodefür alle Achtung“, war seine Antwort.
Dann fuhr er fort und sagte: „Jetzt zeig ich Dir mol, wie ich mir des vorstell.“

Ich dachte, er mache jetzt da mal bisschen rum und da, ansonsten würde er wohl nichts zu bemängeln haben. Denkste!
Er nahm doch tatsächlich seine Bürste und zerstörte damit mein Werk. In Windeseile zauberte er eine neue Frisur, so schnell und perfekt, dass mir die Spucke wegblieb.

Ich konnte nicht mal mehr beleidigt sein, so grandios war sein Auftritt. Es war die Sternstunde des angestachelten Ehrgeizes, so etwas auch einmal zu können.

Und so begann dadurch auch eine Einheit, die dazu führte, dass ich unter seinem Coaching viele Meistertitel einheimste und Pokale nach Hause brachte.

Später führte es dazu, dass ich bei ihm in der Friseurfachschule Amann in Lörrach über 12 Jahre in leitender Funktion tätig war. Er war mein Mentor schlechthin, nicht nur fachlich, sondern auch als Motivator und als Mensch.

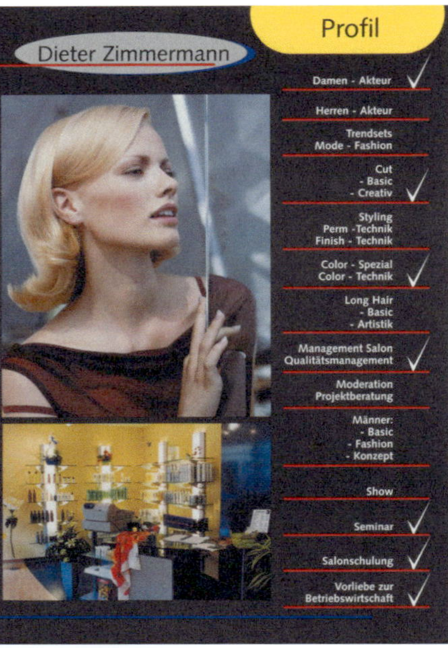

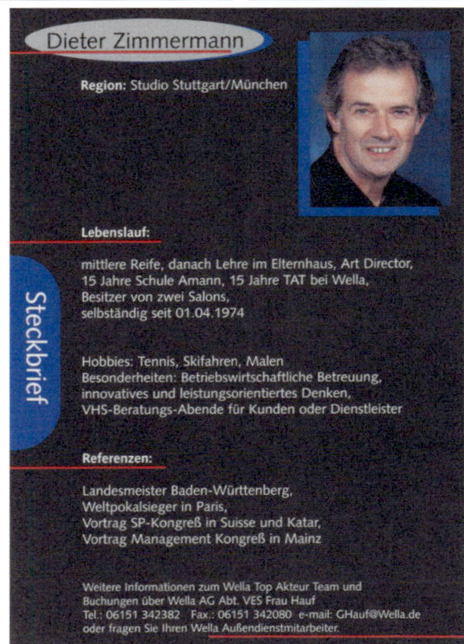

Erfolg beginnt im Kopf, Mißerfolg auch!

Mein Werbeprospekt für Seminare, Vorträge und Schulungen

Einrichtung damals und heute

Farbige Tapeten, quietschende Holzböden, ausgelegt mit Stragula als Bodenbelag, ein Messingholzofen, spärliche Beleuchtung mit Osramglühbirnen und Fenster mit Vorfenstern waren damals üblich im Friseursalon. Ebenso Schaufenster mit einer Rückwandverkleidung, die den Sinn hatte, ja nicht in den Salon schauen zu können.

Überhaupt war dies das oberste Gesetz: Kein Kunde wollte gesehen werden, schon gar nicht was an ihm oder ihr gerade gemacht wurde. Deshalb gab es auch im Salon sogenannte Boxen, um die Bedienungsplätze abzuschotten, entweder aus Plastik, Holz oder dicken Vorhängen. Niemand durfte sehen oder gesehen werden, wenn gerade plakativ gefärbt, Dauerwellen gemacht oder frisiert wurde. Apropos Dauerwelle oder Haarefärben: anfänglich mussten die Kundinnen ihre Handtücher, Holz und Brikett mitbringen.

Lehrlinge mussten täglich eine halbe Stunde vor Arbeitsbeginn da sein, um den Ofen anzuheizen oder den Wasserboiler anzustellen. Von wegen Zentralheizung oder den Wasserhahn aufdrehen, um warmes Wasser zu erhalten!

Im Herren-Salon waren Holzverkleidungen im englischen Stil, massiv und schwer, sowie außerordentlich schwere und kompakte Polsterstühle mit Kopfstützen für die Rasur, die in der Höhe und Liege verstellbar waren, als Standardeinrichtung modern. Da damals Rasur oder Kopfmassage eine wichtige Dienstleistung war, gab es in der Einrichtung Fächer, wo die „gehobene Kundschaft“ ihr eigenes Rasierzeug mit Seife und Tiegel oder ihr Rasierwasser deponierte. Eigenes

*Pitralon**, Tabak oder Moschus rundeten die Rasur schließlich ab.

Haarschneidemaschinen gab es zuerst als Handmaschinen, bevor die Neuerung von elektrischen Haarschneidemaschinen aufkamen. Heute arbeiten wir mit ganz leichten, stylischen Schneidemaschinen, die ohne Kabel sehr handlich immer wieder auf der Akku-Station aufgeladen werden. Welch ein Fortschritt!

Der sogenannte Verkaufsbereich war so gegliedert, dass zentral die Kassenvitrine postiert war. Damals übrigens nur mit einer einfachen Kassenschublade ausgestattet. Um diesen Bereich standen Vitrinen mit Verglasung. Die Ware wurde praktisch nur ausgestellt.

Pitralon - erst ein kurzes Brennen, dann ein Wohlgefühl

Pitralon ist der Marken-Name eines Rasierwassers, eines Aftershaves. Es wurde 1927 in Deutschland erfunden und wird seitdem von verschiedenen Herstellern in unterschiedlichen Ländern und wechselnden Zusammensetzungen produziert und vertrieben. Entwickelt wurde es ursprünglich im Rahmen der Hygienebewegung, die Anfang des 20. Jahrhunderts in Europa einsetzte. Anfänglich wurde es als Arzneimittel, gegen Pilzerkrankungen auf der Haut sowie von Kopf- und Barthaaren oder auch zur Behandlung von Wunden verwendet.

Für einen Kunden war es unmöglich, selbst nach der Ware zu greifen. Dies hätte sich auch niemand erlaubt, obwohl Artikel wie Zahnpasta, Seife, Parfüm, Mundwasser, Zahnbürste, Lippenstift und vieles mehr angeboten wurde. Selbst Kondome wurden beim Friseur verkauft.

Doch dieser Verkauf war nur dem Chef vorbehalten. Der Friseur ist eben auch vor allem eine Vertrauensperson.

Die einzig gute und lohnende Verkaufszeit war damals zu Weihnachten. Im August kamen diverse Vertreter, um sogenannte Geschenkpackungen vom Parfüm 4711, „Tosca“ oder „Soire de Paris“ vorzustellen und möglichst zu ordern.

Mein Chef und Vater war meist ungehalten, wenn er praktisch im Hochsommer schon an Weihnachten denken musste. Und doch half es nichts, denn er wusste ganz genau, welche seiner Herrenkunden, wie alljährlich, kurz vor Toresschluss noch schnell ein Geschenk, in diesem Fall eine Parfümpackung, für ihre geliebte Frau haben wollten.

Ich kann mich noch gut erinnern, wenn besagte Kunden kamen und ganz aufgeregt sagten: „Mensch Karli, häsch än mi denkt, häsch no sonä Tosca-Packung, du weisch doch, i weiß nie, was i mienere Frau schenke soll.“

Ganz genüsslich präsentierte mein Vater die reservierte Tosca-Packung und bot ihm gleichzeitig noch eine hochwertige Roger&Gallet Seife an, die in aller Regel auch gekauft wurde. Das waren damalige Win-Win-Situationen und so wurde das Weihnachtsfest für uns zu einer festen Umsatzgröße.

Hier lässt sich schon die Frage stellen: Wie gut würde ein solches Geschenk in heutiger Zeit ankommen?

Im Damen- und Herren-Salon gab es ganz zu Anfang nur Vorwärtswaschbecken, bis dann zuerst bewegliche Rückwärtsbecken und dann ausschließlich nur noch fest installierte Waschbecken Einzug hielten.

Heutige Einrichtungen haben sich vom Grundsatz her total geändert. Waren es früher noch kleine, enge, introvertierte Salons, so sind die heutigen Geschäfte groß, offen, hell, freundlich und von den Materialien her hochwertig eingerichtet. Aufeinander abgestimmte Farbkombinationen mit klarem Raumkonzept und perfekt installierten Lichtquellen bestimmen heute moderne Salons.

In sich doch offen gegliederte Waschbereiche oder ein Mixbereich mit Maßgabe kurzer Wege sind ebenso erforderlich wie Feng Shui oder Klimaanlage. Hinzu wird der Servicebereich groß geschrieben durch ergonomische Stühle und Waschplätze.

Die Technik hat in vielfacher Form Einzug gehalten: Radio, Fernseher, Internet, WLAN, Frisuren-Computer, Kassensysteme mit Bildschirm, eigene Software, bis hin zu kleinen Cafeterias mit Snack und Getränken sind zur Selbstverständlichkeit geworden. Selbst Kosmetikkabinen runden in vielen Salons den Einrichtungsbereich in Sachen Schönheit perfekt ab.

Heute will die Kundschaft über die Einrichtung und den Service zusätzlich Entspannung, Erholung, Ruhe und Wohlgefühl erleben. Es ist zum Beispiel nicht entscheidend, dass man Kaffee anbietet, sondern welche Kaffeesorte frisch gemahlen wird und auf welcher Maschine.

Dies nur ein Beispiel, wie es sich in allerlei Bereiche durchzieht, damit der Kunde aufgefangen wird.

Der Friseur heute muss mit seinem Ambiente und seinem Angebot eine Oase der Ruhe im Gegensatz zur Hektik des Lebens sein.

Unter all diesen Gesichtspunkten haben wir unsere Salons immer wieder modernisiert und konzeptionell total neu eingerichtet. Viel Geld wurde investiert, um dem Zeitgeist und dem Wettbewerb standzuhalten. Erfolg hat man nur, wenn man auch in diesem Punkt vorne mitschwimmt.

Einrichtung um die Jahrhundertwende (Nessler-Museum Todtnau - siehe Seite 108)

Standard heute

Produkte damals und heute

Wer kann sich das heute noch vorstellen, dass es in den 50er-Jahren kein Haarspray, keinen elektrischen Rasierapparat, geschweige Haar-Gel oder Hitzeschutz gab? Es wurde toupiert, eingedreht, *papillotiert** und ganz zum Schluss gab es dann den sogenannten Haarlack. Dies war eine flüssige, klebrige, harzhaltige Substanz, die auf Pumpen an einer Gummiflasche versprüht wurde. Dieser Haarlack ermöglichte beim Antrocknen einen gewissen Halt von außen. Die Frisur war dadurch gefestigt. Heute kennt man Haarsprays in allen Varianten, vom Glanz- über Sonnen- bis hin zum Pflegespray.

Die schönsten Locken zaubern Papilloten!

**Papillotieren bedeutet das Aufdrehen von Haarsträhnen auf Papilloten (französisch), also Haarwickler, um das Haar zu wellen. Durch verschiedenartige Papilloten werden natürlich fallende, weiche Wellen- und Lockenfrisuren erreicht. Es ist vermutlich die älteste Art der Friseurtechnik.*

Die angewendete Technik ist schonend für die Haare, im Gegensatz zum Einsatz von Lockenstab, Glätteisen oder Heißwickler.

Ein besonders beliebtes Produkt war damals der sogenannte Aufheller. Auf einfache Weise wollte man über einen Haarfestiger Haare heller bekommen. Eine Subtanz mit H_2O_2, also mit aufhellender Wirkung angereichert. Allerdings gab es bei oftmaliger Anwendung eine schleichende Oxydation mit fatalen Folgen. Das Ergebnis waren kaputte Haare, dementsprechend meistens reif für einen Kurzhaarschnitt.

Solche Produkte sind heute nicht mehr denkbar, ganz im Gegenteil. Heute gibt es Produkte, die permanent der Forschung unterliegen und die allerbesten Grund- und Wirkstoffe für die Haare beinhalten. Es gilt der Grundsatz: nur gesundes Haar ist schönes Haar. Hier werden mit speziellen Grundstoffen wie Ölen, Vitaminen bis hin zu pflanzlichen Serien, Produkte in einer unglaublichen Vielfalt angeboten. Auch darin hat sich das Wissen für den Friseur erweitert.

Die Revolution der Dauerwelle, deren Erfinder Karl Nessler aus Todtnau war, löste in der Damenwelt eine Hysterie aus (siehe auch Seite 108). Seine Idee, glatte Haare zur Welle oder Locke zu formen, entstand über das genaue Betrachten in der Natur. Er sah eine Pflanze, die sich am Tag glatt zeigte und sich in der Nacht bei Feuchtigkeit total einrollte. Dies an glatten Haaren zu beweisen, war seine Idee.

Seine Schwester war wiederholt Versuchskaninchen bis seine Erfindung gelang. Wahre Folterapparate wurden entwickelt, mit Strippen, heißen Klammern, Metallstäben und mörderischem Gewicht. Haar- und Hautverbrennungen waren zu Anfang keine Seltenheit. Für heutige Friseure und Kunden nicht mehr denkbar!

Besonders nach dem Krieg, in den 50er- und 60er-Jahren, entstand ein richtiger Dauerwellen-Boom. Es gab als erstes die Kaltwelle, dann die lauwarme und die heiße Dauerwelle. Alles chemische Keulen. Danach folgte die Formwelle als schonende Neuerung. Zur Einwirkzeit wurde ein Gerät, die „Sauna“ verwendet. Dieses spezielle Instrument hatte eine Plastikkugel, die mit Wasser gefüllt wurde und elektrisch erhitzt erzeugte sie Wasserdampf. Dieser verhinderte das Austrocknen der Haare.

Die Haare wurden zuerst kurz geschnitten und dann mit höchster Fingerfertigkeit auf kleinste Wickler aus Holz eingedreht. Das Ergebnis war meist die sogenannte Lumumba-Gedächtnis-Krause. Die Holzwickler hatten den Nachteil, dass wenn sie einmal mit Wasser vollgesaugt waren, man sie nie mehr richtig trocken bekam. Dadurch entstand bei Wiederverwendung oftmals ein ungleiches Ergebnis. Das Ergebnis sollte immer sein, mit einer starken Flüssigkeit eine knackige Welle zu erreichen, damit es viel Volumen ergab.

Allerdings konnte es am Anfang nach dem Friseurbesuch passieren, dass bei Regen oder Wasserdampf die Dauerwelle aufging wie ein Hefekuchen. Der Mopp war fertig! Erst der nachfolgende Schnitt nach ca. 6 bis 8 Wochen ergab das Wellergebnis, das man eigentlich zu Beginn haben wollte.

Mit der Produktentwicklung der bekannten *„Minipli“** wollte man für die Kundin eine natürliche Welle anbieten. Dazu gab es als absolute Neuerung große Plastikwickler, die schnell zu trocknen waren und als ganz große Erleichterung das dazu verwendete Spitzenpapier, zur Schonung und zum leichteren Eindrehen der Haare. Das Spitzenpapier wurde abends immer gewaschen, nachts getrocknet und frühmorgens, entweder vom Lehrling oder selbst von der Kundschaft,

Die Dauerwelle für Männer

*Als *Minipli wird eine Dauerwelle mit sehr kleinen Locken bezeichnet. Der Name kommt aus dem Französischen (mini pli) und bedeutet „kleine Falte“. Ein bekannter Träger war der frühere Teamchef der deutschen Fußball-Nationalmannschaft Rudi Völler. Er wurde auch deswegen spöttelnd „Tante Käthe“ genannt, in Anspielung daran, dass die Frisur an die eine oder andere alte Tante erinnerte.*

glatt gestrichen und wieder verwendet. Es waren Hunderte solcher Papierchen, eine reine Sträflingsarbeit! Auch dies ist heute undenkbar.

Die nächste Neuerung war die Schaumwelle. Man wollte eine schonende und großzügige Wellung erreichen und parallel kein unangenehmes Herunterlaufen der Dauerwellenflüssigkeit mehr. Großzügiger wurde die Welle zwar, aber keinesfalls schonender. Hinzu kam, dass die Dauerwelle nicht mehr so lange hielt, was die Kundin überhaupt nicht verstehen konnte.

Heute müssen, bei inzwischen ganz geringer Nachfrage nach einer Dauerwelle, Ergebnisse erreicht werden, die der Natur nahekommen. Doch Naturhaar bzw. Naturwelle hat eben eine ganz andere Spannung, Formbarkeit und ein viel gesünderes, glänzenderes Aussehen. Durch hohe Kompetenz des Friseurs, exzellente Wellmittel, Computer und feinste Techniken kommt man diesem Wunsch der Natürlichkeit sehr nahe. Doch die Natur selbst lässt sich eben nicht kopieren.

Gerade die Arbeitsgeräte verdeutlichen am besten, wie sehr sich der Friseurberuf im Wandel befand. Vom Onduliereisen, das über einem Behälter mit brennendem Spiritus erhitzt wurde, um an glattem Haar Wellen einzubrennen, bis hin zur handgelegten Wasserwelle, wo manuell am nassen Haar Wellen geformt wurden, die mit Wasserwellkämmchen und Klammern gefestigt und danach getrocknet wurden.

Die Frisur endete immer entweder mit einem Knoten oder Einschlag. Ferner kannte man einen Föhnwellkamm, um ebenfalls an nassem Haar Wellen zu formen, irgendwie der klassische Vorgänger vom heutigen Föhn. Zusätzlich wurde grundsätzlich eingedreht mit Wicklern, geclipst und papillotiert.

Alle Techniken dienten nur dem Zweck, möglichst haltbare Friseurfrisuren zu bekommen. Je länger eine Frisur hielt, desto besser schien der Friseur, ungeachtet von Haarstärke oder Struktur.

Im Hygienebereich ist das Gestern mit dem Heute nicht mehr zu vergleichen. Hatte man früher die Handtücher noch von Hand im Zuber gewaschen, diese zum Trocknen im Winter über den heißen Herd an Schnüren aufgehängt und im Sommer in einer Laube an der frischen Luft, so kam es auch oft vor, dass weniger verschmutzte Handtücher am Abend im Salon einfach über Stühle und Becken gelegt und am nächsten Tag wieder verwendet wurden. Heute geradezu unvorstellbar!

Heute sind wir glücklich über Waschmaschine und Trockner, weil damit über den ganzen Tag für immer frische Wäsche gesorgt ist. Ohne diese technischen Errungenschaften wäre ein sauberer, hygienischer Ablauf nicht mehr garantiert. Leider nimmt man dies als eine nicht mehr wegzudenkende Selbstverständlichkeit an; ja im Gegenteil, es ist ein absolutes Muss!

Im Herrenbereich war die Rasur damals ein selbstverständliches Angebot, da es ja noch keine elektrischen Rasierer gab. Rasieren war und ist eine ganz besondere Kunst und Herausforderung, je nach Bartstärke und Gesichtsform. Da gab es keinen fertigen Rasierschaum, keine einsetzbaren scharfen Rasierklingen, sondern das liebevoll klassisch geschliffene Rasiermesser.

Das Schleifen und Richten eines solchen Messers war eine ganz besondere Befähigung des Friseurs. Das Messer wurde zuerst über einem Ölstein geschliffen und dann immer wieder über dem Lederriemen permanent nachgeschärft. Einmal zu viel überdreht, wurde das Messer stumpf, vergleichbar wie beim Bleistiftspitzen, was der Kunde natürlich schmerzlich spürte.

Eine besondere Spezies für eine gute und glatte Rasur waren die Bäcker. Offensichtlich durch ihr Arbeiten am Backofen war deren Bartwuchs besonders stark. Haut und Bart wurden sehr gut eingecremt und der Rasierschaum minutenlang eingeschäumt. Nur wenn die Vorbereitung sorgfältig gemacht wurde, war die Rasur mit einem scharfen Messer halbwegs schmerzlos.

Für jeden Lehrling, der unsere „geliebten" Bäcker rasieren musste, ein absoluter Horror!

Wie angenehm oder unangenehm eine solche Rasur war, hat man immer sehr deutlich am Zucken unserer Bäcker gesehen. Und gesehen hat man es dann auch am Trinkgeld.

Kalte und warme Kompressen rundeten die Rasur ab. Die Haut wurde zum Schluss gecremt, gepudert und mit Pitralon oder Tabak eingesprüht. Nur wenn es auf der Haut richtig brannte, war der Kunde stolz, weil dies als besonders männlich galt.

Diese Arbeiten waren ursprünglich nur männlichen Friseuren vorbehalten, erst viel später gehörte es auch zum Berufsbild einer Friseurin.

Die Frisur wiederum wurde mit einer glänzend fetten Haarcreme geformt, dem Brisk oder Wellaform. Eng anliegende Seitenpartien, Scheitel oder eine Elvislocke waren damit toll formbar.
Heute ist der Mann, auch beim Friseur, im Fokus der Moden und oft der Anspruchsvollste.

Heute braucht man Gel, Wachs, Paste, Spray und ganz individuelle Haarpflege. Früher galt Haarspray bei Männern als unmännlich oder schwul, genauso wie das Haarewaschen beim Friseur.

Junge, sportliche Typen demonstrieren über ihr Outfit, sprich Schnitt und Frisur, nicht selten ihr Machogehabe oder checken damit ihren Marktwert. Besonders ausländische Kunden, wie Italiener, Türken oder Araber sind ganz besonders anspruchsvoll. Tolle, viele, meist dunkle Haare mit einem sehr schönen Nackenansatz fordern das Können des Friseurs heraus. Haarschnitt und Bartform müssen prinzipiell genau sitzen und erfordern kunstvolles Arbeiten.

Obwohl mein Vater am Anfang kritisch zur Zuwanderung stand, freute er sich doch um so mehr über die tollen Haare dieser Kunden, weil er nämlich genau an ihnen sein hervorragendes Können beweisen konnte. Und sie schätzten zunehmend seine perfekte Leistung.

Es sind heute immer noch diese Kunden, sowohl im Herren- wie Damenbereich, die oftmals einen übersteigerten Schönheitswahn besitzen. Manchmal eine kaum zu erfüllende Aufgabe, weil Wunder auch bei uns länger dauern.

Frisurenstile berühmter Frauen
(Marilyn Monroe und Elizabeth Taylor)

Der englische Haarschnitt

Eine totale Erneuerung in unserem Beruf kam über die Revolution des Haarschnittes. „Englischer Haarschnitt“ bedeutete eine völlige Veränderung der Arbeitsweise und des Frisurenstils. Ein Engländer, *Vidal Sassoon**, erfand diese Technik, basierend auf Geometrie, Winkelhaltung und Winkelverschiebung.

Er machte Schnitte didaktisch lehrbar: Schnitt gleich Frisur. Statt eindrehen und toupieren kamen Föhnfrisuren und damit Föhn, Luftdusche und Lufttrocknung. Statt der großen Schere gab es nun eine kleine Schere mit kurzen Schenkeln und dazu den kleinen Schneidekamm statt den Stielkamm.

Bürsten aller Art hielten Einzug, neben Lockenstab, Curler und Glätteisen. Schnitt und Frisur müssen immer natürlich, unkompliziert,

Schönheit ohne lange Sitzungen

*Er gilt als der „Revolutionär der Haarmode“: *Vidal Sassoon. Der aus London stammende, weltbekannte Friseur (1928 - 2012), erfand den „Bob“, ein einfacher Haarschnitt mit gerader, kinnlanger Konturlinie. Damit erlöste er die Frauenwelt von endlosen Sitzungen mit Lockenwicklern, heißen Trockenhauben und Haarspray.*

Mit Sassoon wurde das Haarschneiden zur Kunstform erhoben. Der Friseur war nicht länger ein „Haarschneider“, sondern avancierte zum kreativen Stylist.

lässig und gut nachvollziehbar sein: Es gilt, man muss sehen, dass man einen Friseur hat, aber nicht von einem Friseur kommt.

Zum englischen Haarschnitt erlebte ich folgende, unvergessliche Episode:
Wie gesagt, schnell war in unserem Beruf bekannt, dass Vidal Sassoon, der Erfinder dieser neuen Schneidetechnik, Kurse anbot, um dies erlernen zu können. Neugierig und ehrgeizig wie ich war, wollte ich dies natürlich unbedingt kennenlernen. Das erste Seminar fand in Freiburg statt. Viele Friseure kamen, der Saal war voll mit Lernwilligen. Da ich damals in Fachkreisen schon recht bekannt war, wollte ich dementsprechend auftreten.

Ich nahm meine Schwester Iris mit, die auch gerade frisch im Beruf war und frisierte sie nach bestem Wissen und Gewissen. Erhobenen Hauptes gingen wir beide nach Freiburg. Im Saal suchten die englischen Profis drei deutsche Modelle. Eines davon war meine Schwester. Voller Stolz und mit geschwellter Brust dachte ich, sie würden meine Frisur toll finden.

Es kam ganz anders. Sie stellten meine Schwester Iris auf die Bühne und sagten: „Dies ist eine typisch deutsche Frisur und so macht man das schon gar nicht mehr.“

Welch ein Schock! Ich war total beleidigt. Hatte ich doch so toll frisiert und gefärbt. Oben schön kurz gestuft und im Nacken lang gelassen. Wie gesagt, ich dachte, die haben keine Ahnung. Dann begannen die Torys den Schnitt neu anzulegen. Nacken und Seiten wurden super kurz geschnitten, das Deckhaar schien länger und es wurde geföhnt. Der Schnitt saß perfekt - und ich war am Boden. Meine Schwester sah viel besser aus und nach einer kurzen Denkpause wusste ich, dies wollte ich auch unbedingt können!

So wurde Freiburg eine einmalige lehrreiche Sternstunde, unvergessen bis heute. Diese Schnitte sind heute noch die Grundlage jeglichen Erfolgs in unserem Beruf.

Vidal Sassoon in seinem Element

Beatles und lange Haare

Nach dem Krieg trugen alle Männer kurze Haare, Faconschnitt oder Coupe Hardy, oder immer noch den Militärschnitt. Doch für die meisten Männer war der Friseur eher eine Bedürfnisanstalt, denn Haare mussten immer so kurz wie möglich geschnitten werden, damit es so lange wie möglich gehalten hat. Es gab drei Varianten: kurz, kürzer, am kürzesten.

Viele, noch vom Militär geprägt, gingen spätestens nach drei Wochen wieder zum Friseur, natürlich ohne Anmeldung. Manche kamen schon nach 10 Tagen zum sogenannten „Ausputzen". Es war nämlich undenkbar, dass zum Beispiel zu großen Anlässen oder Feiertagen und Festen, die Haare nicht frisch geschnitten gewesen wären. Jede Frau wäre biestig geworden und der Mann hätte keine große Freude gehabt.

Und auf einen Schlag kamen die Beatles und mit ihnen nicht nur eine neue Musikrichtung, sondern vor allem lange Haare. Pilzkopf war angesagt.

Für Herrenfriseure eine große Katastrophe! Nicht allein wegen der Musik, die übrigens mein Vater als schreckliche Musik bezeichnete, sondern wegen dieser entsetzlichen und unerträglich langen Haare. Junge Kunden gingen plötzlich nicht mehr zum Friseur. Man ließ es einfach wachsen. Vielleicht nach einem halben Jahr kamen sie zum Spitzen schneiden.

Am schlimmsten aber fand mein Vater, dass seine Drei-Wochen-Stammkunden plötzlich auch die Haare wachsen liessen, weil ihre Frauen es so wollten. Ausgerechnet Herren, die es nie haben wollten, dass Haare über die Ohren gingen, fingen damit an. Jeder Herrenfriseur verstand die Welt nicht mehr.

Für meinen älteren Vater kam dann noch hinzu, dass er einen pubertierenden Sohn hatte, der die Beatles toll fand und dementsprechend auch so eine Frisur haben wollte, die ich natürlich nie bekam. Immer wenn die Haare bei mir länger wurden und ich mich anfing schön zu finden, musste ich in den Salon und dreimal dürfen Sie raten, welche Kurzform geschnitten wurde: nämlich die von ganz schön kurz.

In der Schule wurde ich gehänselt, vor allem von Mädchen: Ob ich wohl in den Rasenmäher gefallen wäre? Zu meinen langhaarigen Fußballfreunden, sofern sie überhaupt noch zu uns in den Friseursalon kamen, sagte mein Vater spöttelnd: „Hat man zu dir noch nie Fräulein gesagt?“ Oder wenn ein Junge Johann hieß, nannte er ihn leicht zynisch: „Johanna!” Und dies alles wegen dieser Beatles-Pilzköpfe.

Ich trug natürlich mit ihm Kämpfe aus. Abgesehen von meinen eigenen Wünschen, versuchte ich ihm zu erklären, dass man diese Mode annehmen musste und gerade junge Kunden dazu zu erziehen, Haare nass schneiden zu lassen und die Spitzen zu pflegen.

Nach einiger Zeit hat dies auch immer besser funktioniert und er war innovativ genug, diese neue Art der Dienstleistung anzunehmen und zu empfehlen. Das Schönste für ihn war dann, nach all diesen Wirrungen, dass viele Jugendliche seine Leistung in Anspruch nahmen, weil er eben am exaktesten Haare geschnitten hatte. Darauf war er dann ganz stolz und ich auch. So bekam auch ich zunehmend längere Haare.

Doch die größte Genugtuung hatte er, als nach geraumer Zeit seine klassischen 3-Wochen-Kunden kamen und erklärten, sie hätten es eben nicht mehr ertragen und fanden sich darüber hinaus ungepflegt und nicht mehr passend: „Karli, schnieds wie immer."

Die Welt im Herrensalon und bei meinem Vater war wieder in Ordnung.

Ich mit zwei Modellen

Samstag, der klassische Friseurtag

Samstagmorgen, 7.30 Uhr:
Jede Kundin hatte die Idee, am Samstag gleich als erste beim Friseur zu sein, natürlich ohne Anmeldung. Diese Idee hatten mindestens fünf andere auch. Die ersten Kundinnen standen sicher schon eine geraume Zeit vor Öffnung an der Türe zum Geschäft.

Jeden Samstag, wenn ich zur Arbeit fuhr, betete ich ein „Vater Unser“, es mögen von den ersten fünf Kundinnen, die fast gleichzeitig auf die Öffnung warteten, nicht gleich drei Dauerwellen sein. Denn jede Dauerwelle brauchte nun mal ihre Zeit. Für die vierte oder fünfte Kundin, die nur Waschen und Legen bekam, bedeutete dies ein bis zwei Stunden Wartezeit. Und vorgelassen haben die ersten Drei natürlich keine, aus Prinzip schon gar nicht. Oft wurde eh gestritten, wer nun wirklich als Erste bedient würde. Für uns hat es immer bedeutet, so schnell wie möglich zu arbeiten.

Es war nur Stress pur, weil die vierte und fünfte Kundin immer Druck gemacht haben. „Meinsch s´längt mer uf 11 Uhr, i sot no mi Kind abhole“, oder: „Um 11 Uhr sot i däheim si, i muess no choche.“
Schönes, ruhiges Arbeiten war einfach nicht möglich.

Die Frauen kamen damals deshalb samstags, weil sie am Sonntag noch frisch frisiert aussehen wollten, wenn Kirchgang angesagt war. Für einzelne gute Stammkundinnen war meine Mutter am Sonntagmorgen im Salon, um sie noch einmal aufzufrisieren, bevor sie selbst zur Kirche ging. Nach der Messe sagte sie immer: „Ich kenne meine selbst frisierten Hinterköpfe.“ Soviel zur Andacht.

Da die Frisurenmode ausschließlich aus Eindrehen, Frisieren und viel Toupage bestand, mit viel Sprühen von Haarspray, gab es nur das eine Ziel: übers Wochenende top auszusehen, gekonnt von der Hand des Friseurs.

Für manche Männer waren es reine „Scheidungsfrisuren“. Wenn ein Mann seine Frau berühren wollte, hieß es nur: „Los mi goh.“ Es könnte ja die Frisur darunter leiden. Einer der Männer hat mir mal den Schimpfnamen „Liebestöter“ gegeben.

Lustig ging es meistens im Herrensalon zu und her. So gegen 10 Uhr war der Herren- und Wartebereich voll, einer nach dem anderen kam wie selbstverständlich ohne Anmeldung. Oft gab es bis zu 10 wartende Herrenkunden und dies zog sich dann hin. Der eine oder andere ging wieder und fragte: „Wie lang händ ihr uf, i chum no mol“, und verschwand im Wirtshaus. Unter Garantie kam der eine dann meist alkoholisiert fünf Minuten vor Toresschluss, und dann oftmals ohne Geld!

Allerdings, je nachdem wer sich so zufällig getroffen hatte, ging es auch sehr lustig zu. Es gab eigentlich nur drei Themen: 1. Sport, 2. Politik und 3. Frauen. Es wurde philosophiert, gelacht und diskutiert und oft auch Witze aller erdenklicher Sorten erzählt. Je schmutziger der Witz war, desto eher hat mein Vater mit dem Finger auf den Mund gezeigt, wegen der Frauen im Damensalon.

Dann aber rief es plötzlich aus der Damenkabine: „Ihr chönnet ruhig lut verzelle, mir wänn au obbis höre!“ Oft waren, je nach spezieller

Damenkundin, die Witze aus dem Damenbereich deftiger und errötender.

Politisch ging es oft zur Sache, wenn verschiedene Couleurs aufeinander trafen und sportlich gesehen war jeder Kunde ein Bundestrainer. Am schönsten war es immer im Salon zur Zeller Fasnachtszeit. Da entwickelte sich ein Virus und eine Geheimniskrämerei mit einer riesigen Vorfreude.

Dieser Zusammenhalt, das Leben der Tradition, war auch besonders beim Friseur spürbar. Da wurden Perücken hergerichtet, frisiert, umgestylt, verliehen und zu den verschiedensten Masken getragen, für die Maskenbälle oder die Fasnachtsumzüge. Es gab eben damals keine Kataloge oder Warenhäuser, geschweige eBay, so wie heute, um sich Perücken oder Sonstiges zu bestellen. Bei uns wurde gerichtet, geschminkt und ausprobiert. Der Friseur war damals zur Fasnachtszeit ein wichtiger Faktor. Wir hatten ein ganzes Arsenal an Echt- und Kunsthaarperücken, in allen Längen und Formen.

Wir waren halt immer gefordert, um ganz individuell die Perücke zum Sujet der Maske zu richten. Vorfreude und Verschwiegenheit war für uns Ehrensache.

Man muss schon sagen, überhaupt zu jedem Fest, ob Jubiläum, Chilbi oder Weihnachten, der Gang zum Friseur war stets ein Muss. Da wurde im Stile von Farah-Diba oder Audrey Hepburn hochgesteckt und Haarteile einfrisiert und so manche Kundin gab mir die Order: „Du machsch mir aber nit die gliech Frisur wie Sellere oder Sellere!“

Auch bei den Herren gab es zum Beispiel Vorgaben vor Festtagen: „Die Rasur muss mindestens zwei Tag hebe.“ „I will glatt si wie na Chinderpopo.“
Man wollte eben zu solchen kirchlichen oder weltlichen Anlässen sogenannt „ordentlich“ aussehen.

Oft würden wir uns heute diese Zeiten wieder zurückwünschen, denn dieses Selbstverständnis des Friseurbesuchs waren die Grundlage zu einer sicheren Existenz.

Heute ist vieles total anders geworden. Allein 40 Prozent deutscher Frauen gehen nicht mehr zum Friseur, dies bedeutet klare Schwarzarbeit. Der Wettbewerb ist viel größer und dichter geworden, ganz abgesehen von Steuerlast und noch schlimmer, einer inzwischen viel größer gewordenen Gleichgültigkeit der Menschen. Wie hieß es in Zell mal als Fasnachtsmotto: „S´isch nümme so wie ammig.“

Die britische Schauspielerin Audrey Hepburn (1929 - 1993) mit ihrer hochgesteckten Frisur (wie auch auf dem Buchcover). Sie zählte in den 1950er- und 1960er-Jahren zu den größten weiblichen Filmstars. In ihren späteren Jahren widmete sie sich überwiegend ihrer Arbeit als Sonderbotschafterin für UNICEF.

Kinderhaarschnitte

Ein Kind hatte früher in Sachen Haarschnitt oder Frisur keine Wünsche zu haben. Da gab der Vater die klare Ansage: „Hau´s so kurz, damit´s so lang wie möglich wieder hebt."

Und wehe, es war nicht kurz genug, dann musste eben nochmals geschnitten werden und diesmal mehr als kurz.

Wenn ein Junge oder ein Mädchen geweint hatte oder nicht still saß, dann hieß es drohend: „Wenn nit ruhig sitze duesch, schniedet er dir dieni Ohre ab, oder du kriegsch nä Glatzi."
Welch Schwachsinn!

Nicht selten gab es auch Ohrfeigen und übelste Schelte der Eltern. Da brauchten wir Friseure uns nicht wundern, wenn der Gang zum Friseur für manches Kind ein Horrortrip war, zumal wir auch weiße Berufskittel trugen und deshalb mit einem Arzt verglichen wurden, was oftmals auch keine guten Erinnerungen weckte.

Es kam natürlich oft vor, dass Kinder weinten, schrien und Angst hatten und damit ein Schneiden gar nicht möglich war. Die Grenzen zwischen Müdigkeit, Bockigkeit oder Unerzogenheit waren oftmals fließend. Dabei wird immer unterschätzt, wie schwierig es ist, Kindern vernünftig die Haare zu schneiden.

Hinzu kommt noch, dass ausgerechnet Kinderhaarschnitte immer billiger angeboten wurden, und dies bis zum heutigen Tag. Vergleichbar wie wenn es beim Metzger eine Kinderwurst gäbe, die dadurch billiger würde, oder das Streichen eines Kinderzimmers den Preis des Malers reduzierte. Nur der Kinderschnitt wurde „Pi mal Daumen“ kalkuliert.

Was früher auch sehr oft vorkam, zum Beispiel zur Beatleszeit, war, dass Mütter anriefen und meinten: „I schick jetzt grad mien Sprössling oder mi Tochter. Sie wenn nit viel gschnitte ha. Aber sage sie es doch dene, dass langi Hoor gar nit modern sin und schniede sie d`Hoor doch ganz kurz!“
Was war das denn?
Dies hatte in mir immer eine zwiespältige Reaktion ausgelöst.

Mir taten Kinder immer sehr leid, und ich versuchte peu à peu durchzusetzen, auch dem Kinderwunsch zu entsprechen, nicht zuletzt aus leidiger Selbsterfahrung.

Nur einmal, so kann ich mich erinnern, hatte ich überhaupt kein Verständnis für folgende Begebenheit:
Es war zu Zeiten antiautoritärer Erziehung. Ein Junge kam mit seinem Vater in den Salon. Er trug eine Strickmütze und wollte diese zum Haareschneiden nicht abziehen. Ich erklärte ihm, dass ich so nicht schneiden könne. Auch wiederholtes Bitten zeigte keinen Erfolg. Es half alles nichts. So kam sein Vater auf die Idee, wir sollten doch einfach um die Mütze herum schneiden! Was ich jedoch dankend ablehnte. Der Vater sagte nichts mehr und nahm seinen Sohn unverrichteter Dinge mit nach Hause.

Heute wiederum sind Kinder und Haarschnitte ein nicht minder schwieriges Thema geworden. Es kommt oft die halbe Familie mit, um dabei zu sein, wenn das Aushängeschild der Familie, der kleine Prinz oder die Prinzessin verschönert werden soll.

Mit Fotos auf Handys oder ausgedruckten Bildern, zig Frisurenbüchern wird zuerst eine intensive Beratung eingefordert. Erst neulich sollte einem halbjährigen Kleinkind eine Frisur geschnitten werden, was nur für einen Erwachsenen mit vielen Haaren möglich gewesen wäre. Das Kind hatte nur Flaumhaare, aber es sollte die linke Seite rasiert, ein Scheitel, *Undercut** und langes Deckhaar sein.

Sportler wie Marco Reus, Ronaldo oder sonstige Größen sind oft für die Kids Vorbilder in Sachen Frisur. Bei kleinen Mädels, besonders mit südländischer Herkunft, zählen Cinderella oder Prinzessinnen eine Rolle. Und wenn die kleine Sissi dann stolz dahinschreitet, dann ist das Glück der Familie komplett.
So ändern sich die Zeiten!

Undercut: Kontrovers und kontrastreich

Als undercut (engl. für Unterschnitt) wird eine Frisur bezeichnet, bei der die Haare der unteren Kopfhälfte rasiert bzw. gekürzt werden, während die Haare des oberen Teils bestehen bleiben (das sogenannte Deckhaar). Sie gilt als Szenefrisur und wurde in den letzten Jahren verstärkt eingesetzt, sowohl bei Männer- als auch bei Frauenfrisuren.

Eine Variation des undercut ist der sidecut (engl. für Seitenschnitt). Dabei wird das Haar nur auf einer Seite des Kopfes rasiert, während der Rest lang getragen wird. Er gilt als ein Schnitt, der zwei Gegensätze vereint und durch den extremen Lang-Kurz-Kontrast sofort ins Auge fällt!

Was früher der Kinderstuhl mit einem Pferdekopf vorne dran war, den man anschrauben musste und mit dem man so manches Kind ablenken und beruhigen konnte, so sind es heute Filme auf Tablet-PC, die das Computerkind vergessen lassen, dass es beim Friseur die Haare geschnitten bekommt.

Welch ein Fortschritt - oder auch nicht!

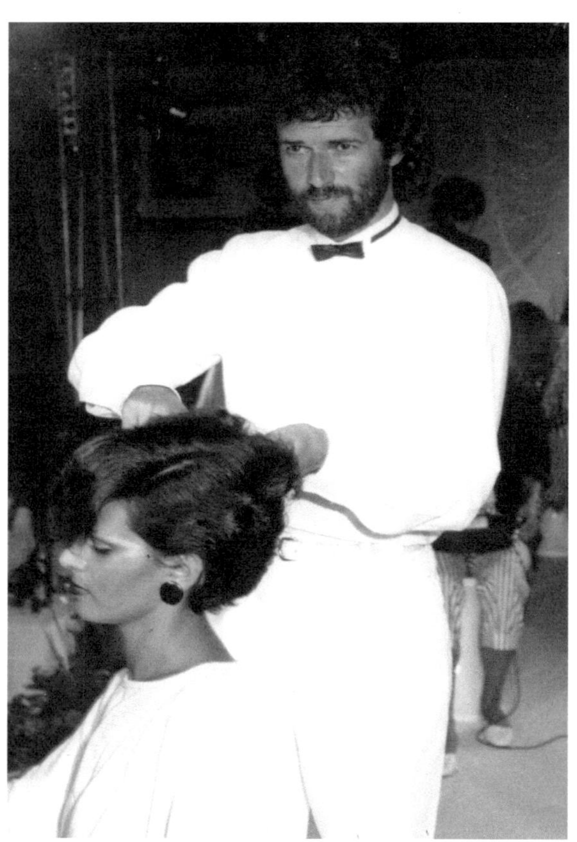

Meine Frisurenshow (70er-Jahre)
bei Günter Amann in Lörrach

Kunden damals und heute

Um es vorweg zu nehmen: die immer stärker werdende Emanzipation hat gerade in unserem Beruf deutliche Veränderungen gebracht. Heute hat die emanzipierte und berufsorientierte Frau ein Selbstbewusstsein entwickelt, das besonders über Frisur Ausdruck findet. Das klassische Frauenbild „Heimchen am Herd“ hat sich zu einem total anderen Rollenverständnis entwickelt.

Waren es früher ausschließlich die Männer, die ihre Frauen auch in Frisur und vor allem in ihrer Haarlänge bestimmten, so sagt sich die heutige Frau: „Das ist mein Kopf, das sind meine Haare. Darüber bestimme ich.“

Während die Männer an ihren Frauen eher immer Langhaarfrisuren sehen wollten, weil sie glaubten, eine Frau mit kurzen Haaren hätte weniger Sexappeal, so weiß man heute, dass dies ein totaler Irrglaube war. Oft ist es auch vorgekommen, dass selbst Haarfarbe oder Strähnungen vom Mann abgelehnt wurden.

Wie oft wurden wir in der Beratung eingeschränkt, obwohl wir genau wussten, wie toll eine solche Veränderung gewesen wäre. Viele Frauen hätten dadurch für ihre Männer zu gut ausgesehen und diese hatten Angst davor. Erst wenn eine Frau sich total verändern ließ, in Schnitt, Farbe und Make-up, war uns immer bewusst, hier wurde gerade etwas umgekrempelt: Scheidung, neuer Mann, neue Liebe, neuer Beruf, alles war möglich. Eine neue Frisur, ein neues Leben!

So gesehen ist die Emanzipation ein Segen für uns Friseure. Business und Erfolg im Beruf sind neue Kriterien. Die Frisur ist ein Ausdruck von Selbstbewusstsein, Stärke und gutem Auftreten geworden. Heute gilt für uns der Grundsatz, Frauen gut 10 Jahre jünger aussehen zu lassen.

Die perfekte, ganzheitliche Beratung kann diesem Wunsch und Ziel entsprechen. Sie unterliegt jedoch auch einem stetigen Druck von außen, speziell über die Werbung. Dieser ewige Jugendwahn erschließt sich auch für uns, bei der Beratung kühlen Kopf zu bewahren und ehrlich nicht immer mit allem mitzugehen.

Doch heute muss in jedem Fall das Ergebnis punktgenau für die Kundin stimmig sein. Hieß es früher noch, die Frisur oder der Schnitt würde erst nach einer Woche richtig schön, so sind solche Ergebnisse heute nicht mehr akzeptabel.

Auch und gerade bei jungen Männern hat sich die frühere „Bedürfnisanstalt Friseur", bei der oft nur die Zweckmäßigkeit im Vordergrund stand, zu einer grundlegenden Veränderung hinsichtlich Mode und Pflege von Haar und Haut ergeben.

Heute ist die männliche Kundschaft so sehr inspiriert und fordernd, so dass die Aufgabenstellung und Erwartungshaltung extrem hoch ist. Perfekte Schnitte, Farbe, Strähnen und neuerdings kunstvolle Bartformen sind zum Alltagsgeschäft geworden.

Vor allem südländische Männer betrachten Frisur und Bart als Kult, während Nordeuropäer eher konservative Schnitte und Formen bevorzugen. Sportler jeglicher Couleur sind absolute Ideengeber.

Bei Frauen sind es Schauspielerinnen oder Businessfrauen, die als Vorreiterinnen in Sachen Lifestyle auftreten, so dass oft im Salon die Frage auftaucht: „Häsch die neue Farb vo dä Lady Gaga gseh?“ Oder der Wunsch geäußert wird: „So wie d´*Petra Gerster** möcht i d´Frisur ha.“

Oftmals sind aber Anspruch und Wirklichkeit weit auseinander und trotzdem gilt immer der Motivationsspruch: „I do my best!“

Das Gesicht des ZDF

**Petra Gerster, geboren 1955 in Worms, ist Journalistin, Redakteurin und Moderatorin. Sie moderiert schon seit über 20 Jahren die 19-Uhr-Sendung „heute“ des ZDF.*

Sie erhielt für ihre Arbeit zahlreiche Preise und Auszeichnungen. Auch schrieb sie einige Bücher, so zum Thema Kindererziehung (zusammen mit ihrem Mann): „Der Erziehungsnotstand“, „Stark für das Leben“ und „Charakter - worauf es bei der Bildung wirklich ankommt“. Weitere Bücher sind „Friedensmacher“, „Reifeprüfung. Die Frau von fünzig Jahren“ und „Ihrer Zeit voraus - Frauen, die die Welt verändern“. Als Frisur trägt sie heute Pony und die blonden Haare sind leicht durchgestuft.

Anforderungen an den Friseur

Eigentlich stimmt es ja, der Friseursalon ist eine Tratschbude: „Bim Friseur erfarsch immer s`Neuschte." Oder: „Wenns dä nit weiß, wer dann?"

Das Image prägt man natürlich selbst mit und es ist schon so, es gab und es gibt selbstverständlich noch immer viele dieser Zunft, die für allerlei Schwätzereien sehr empfänglich sind. Da gibt und gab es den Friseur, der wann immer es ging vor der Türe stand um alles mitzukriegen und dadurch auch alles Wissenswerte erfuhr.

Am Bedienungsplatz wird und wurde getuschelt, viele interessierte halt dieser Lokalkolorit: ob sich jemand scheiden lässt oder aber wo wer was getan hat. So mancher Friseur hatte dadurch riesengroße Ohren bekommen und der Spruch „Erzähls doch deinem Friseur" kam nicht von ungefähr.

Allerdings, um heute erfolgreich zu sein, hat man auch mit diesem Thema professionell umzugehen. Wir haben ganz klar eine hohe Vertrauensbasis mit unseren Kunden zu bewahren, nämlich die Schweigepflicht.

Ich persönlich habe mich schon einmal von einer fachlich sehr guten Mitarbeiterin getrennt, weil sie genau dieses Vertrauen der Kundschaft wiederholt gebrochen hatte.

Heute gilt als Grundanforderung des Friseurberufs ein großes Allgemeinwissen, das Interesse am Kunden und hohe Empathie. Ein breites

Wissen an Psychologie, der perfekte Umgang mit den verschiedenen Charakteren bis hin zur Reklamationsbewältigung gehören zum Rüstzeug, um langfristig erfolgreich zu sein.

Da reicht es eben nicht mehr, nur übers Wetter oder die sensationellen Neuigkeiten, über die oder den im Städtle zu reden.
Und das ist gut so!

Alle Azubis, die frisch begonnen haben, müssen spätestens nach vier Wochen erkennen, dass sich das Anforderungsprofil total anders darstellt wie ursprünglich angenommen.

Es reicht nicht, mit einem verhältnismäßig schlechten Zeugnis, jedoch etwas hübsch auszuschauen, erfolgreich sein zu wollen. Auch die Sprache, die persönliche Ethik und Gepflegtheit spielen eine ganz große Rolle. Hinzu kommt eine sehr gute Auffassungsgabe und vor allem, die Liebe mit Menschen arbeiten zu dürfen. Zu dürfen und nicht zu müssen!

Es muss einfach Freude machen, Menschen nicht nur zu verschönern, sondern ihnen Gutes zu tun. Das beginnt mit einem Lächeln, ihnen den Mantel abzunehmen, den Platz zuzuweisen und nach dem persönlichen Wunsch zu erfragen.

Eigentlich müssten in der Lehre und Berufsschule Psychologiewissen und Grundwerte in Anstand und Wohlbefinden zentraler Unterrichtsstoff sein.

Viele Kunden genießen heute in erster Linie beim Friseur die Auszeit, einmal alleine für sich etwas zu tun, die Ruhe oder auch ein gutes Gespräch.

Eine exzellente Haarwäsche ist beim Kunden die beliebteste Dienstleistung: Kopfmassage, Hautkontakt und Streicheleinheiten als Wohlgefühl für Haut und Seele.

Wer all dies in sich trägt und täglich gewillt ist, dies an jeden Kunden rüber zu bringen, erfüllt die Anforderungen, die der Kunde von heute unter anderem erwartet.

Es gilt immer der Satz: „Der Kunde ist König."

Allerdings, wenn Wünsche und Erwartungen vom Kunden in Schikane übergehen, dann gilt der Satz: „Der Kunde ist König, aber ich bin der Kaiser." Dies hat nichts mit Überheblichkeit zu tun, sondern ist Schutz für die Mitarbeiter und Eigenschutz. Wir sind Dienstleister und wir lieben es, Kunden zu dienen im positiven Sinne, aber nicht in gebückter Haltung.

Frisuren-Shows, Modeproklamationen, Landesmeisterschaften, Preisfrisieren

Landesmeisterschaft der Friseure
Baden-Württemberg 1967

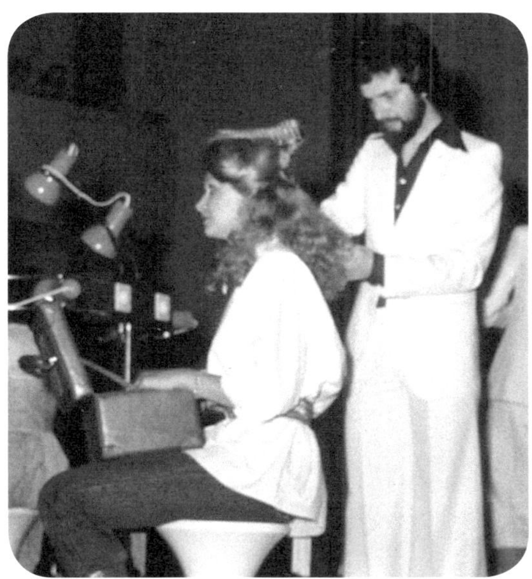

Frisurenshows
Modeproklamation 60er-Jahre

Führungsteam Schule Amann mit Modellen
70er-Jahre

Modepro-
klamation in
Lörrach

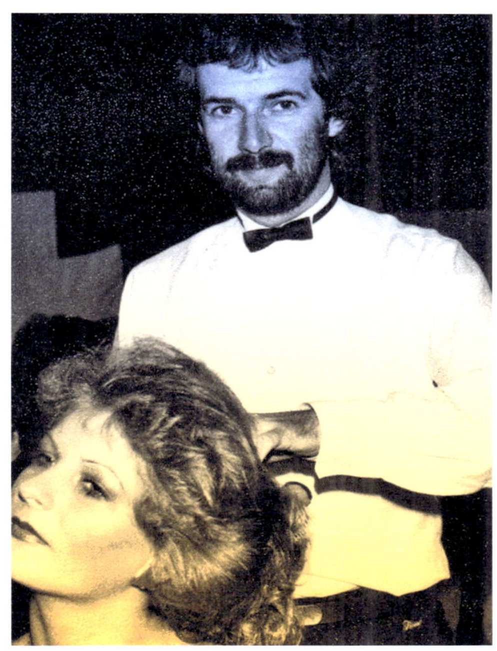

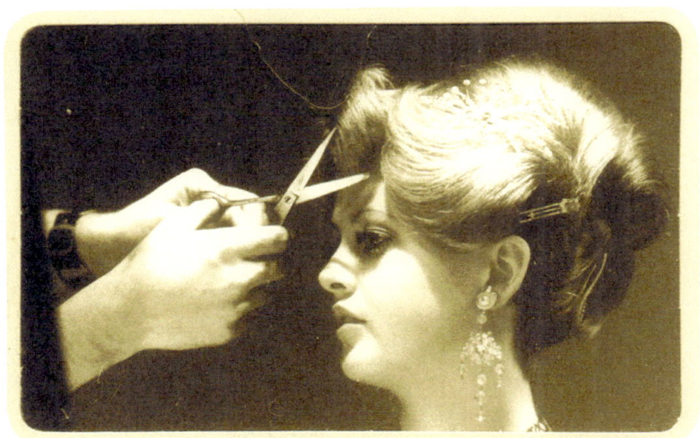

Beim Preisfrisieren anlässlich eines Wettbewerbes
1970 in Karlsruhe
Cocktail-Frisur

Höhepunkte der Friseurschule Amann in Lörrach und gemeinsame Aktivitäten

Peter Hauth

Gerda Sachsenmaier

Dieter Zimmermann

Rüstzeug für viele junge Talente – Sprungbrett einer einmaligen Friseur-Karriere

Sehr geehrte Gäste, Freunde und Ehemalige aus Nah und Fern

Nicht ohne Stolz feiern wir mit unserem Chef und der gesamten Belegschaft das 20jährige Bestehen „unserer" anerkannten hochwertigen Schule.

In unzähligen Stunden der Aus- und Weiterbildung haben wir mitgeholfen, dieser Friseurfachschule einen unverkennbar leistungsorientierten Stempel aufzulegen.

Wir haben vor tausenden von Schülern alle erdenklichen Techniken und Moderichtungen mit viel Liebe erläutert und weitergegeben und waren dann glücklich, wenn unsere Kursteilnehmer dadurch erfolgreicher sein durften.

Unser Rüstzeug war für viele junge Talente das Sprungbrett einer einmaligen Friseur-Karriere. In diesem Geiste wollen wir das Image der Schule Günter Amann hegen und pflegen und Ihnen allen Dank sagen für Ihr Vertrauen.

Wir wünschen Ihnen Tage der Information, der Erinnerung und des Feierns.

Ihre Direktoren

Peter Hauth
Gerda Sachsenmaier
Dieter Zimmermann

Jubiläumsfeier 20 Jahre Meisterschule Amann 1988

Amann-Kongress 1995
„Amann Hair World"

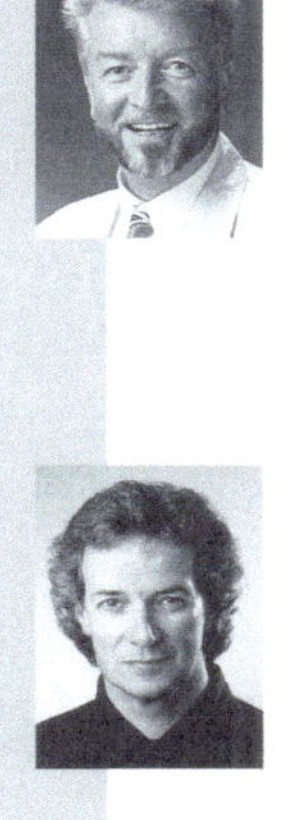

Günter Amann
präsentiert:

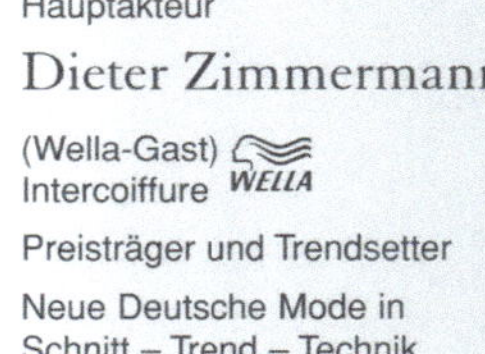

Günter Amann (2. von links) erhält 2010 das Bundesverdienstkreuz am Bande als Anerkennung für die Verdienste, die er sich um das Friseurhandwerk erworben hat.

Geschichten und Erlebnisse mit Kunden I

Der heutige Kunde ist viel hektischer, kritischer und unmenschlicher geworden. Früher war es eher üblich, sich für den Friseur Zeit zu nehmen. Es gab ja keine Anmeldung und man brauchte einfach Zeit, wenn man zum Friseur ging.

Lehrlinge konnten noch richtig ausgebildet werden, da sie an der bestehenden Kundschaft mitarbeiten durften, an der heutigen Kundschaft ist das fast undenkbar.

Früher hieß es: „S wachst ja wieder."
Ein Azubi durfte auch an einer Dauerwelle mitwickeln oder fing an, im Nacken zu schneiden, heute undenkbar! Heute ist die praktische Ausbildung nur an eigenen Verwandten oder Freundinnen machbar.

Im Umkehrschluss heißt dies, dass die Damen und Herren jeglicher Couleur sehr viel empfindlicher, arroganter und eben kritischer geworden sind.

Schaue ich auf bestimmte Gegebenheiten und Erlebnisse in meiner über 50-jährigen Berufsepoche, so ist es schon interessant, dass man sich in erster Linie an die etwa 5 Prozent der ungemein kritischen Kunden erinnert.

Da gab es die notorische Nörglerin, die immer den gleichen Platz haben wollte, die immer die gleichen Zeitungen parat haben wollte und die immer freitags zur selben Zeit um 13 Uhr bestellt war. Kam ich fünf Minuten später zu ihr, so konnte sie in forschem Ton sagen: „Ich war um 13 Uhr bestellt und nicht fünf Minuten später."

Sie war aber auch die Kundin, die heftig schimpfte als ich einen neuen Lehrling einstellte und verächtlich meinte: „Stelle sie jetzt au scho so Zügs i." Oder: „Für so Glumps göhn mir go schaffe."

Und sie war auch die einzige, die ich jemals aus meinem Salon schmiss. Der Clou war noch, zuerst ließ sie sich von der hübschen Türkin nicht bedienen, später als sie merkte, dass dieselbe so toll massieren konnte, durfte nur noch unsere einmalige Ayla ihr die Haare waschen. Als sie dann aber mit mir um den Bedienungspreis feilschen wollte, war meine Geduld zu Ende und wir waren geschiedene Leute.

Ganz gern erinnere ich mich an eine sehr intelligente 90-jährige Stammkundin, die noch selbst in ihrem Mercedes-Benz zu uns fuhr und Kreuzworträtsel löste, schneller wie man schauen konnte. Sie war etwas gehbehindert, ging am Stock und las immer die „Yellow press".

Eines Tages riss sie mir eine Seite aus einem solchen Heft. Ich fragte sie: „Was risse sie mir denn do use?"
Sie sagte mir: „Do gits in Münche nä neui Methode um Hüfte zum operiere."
Ich war verdutzt und antwortete: „Sie werde sich doch nit no d`Hüft operiere welle?"
Darauf lachte sie ganz trocken: „Meine sie, i wot mi ganzes Lebe no so ummehumple?"

Übrigens, sie zu beobachten beim Rückwärtsfahren mit ihrem Auto war lebensgefährlich. Sie schaute nämlich grundsätzlich nie was hinten war, den Rückspiegel hätte man ihr abschrauben können. Passiert ist Gott sei Dank nie etwas und sie wurde über 100 Jahre alt, auch ohne Hüftoperation.

Im Herrensalon gab es den Kunden, der ziemlich alkoholisiert beim Rasieren einschlief. Als ich am Hals gerade zum ersten Schnitt ansetzte, wachte er schreckhaft auf, schnellte nach vorne dem Messer entgegen, das ich Gott sei Dank blitzartig wegzog. Ansonsten, wer weiß? Es war noch einmal gut gegangen, aber für mich ein unvergesslicher Schreckmoment!

Natürlich gab es in den Anfangsjahren nach dem Krieg auch hin und wieder die leidige Situation, dass wir so kleine, eklige Tierchen feststellen mussten. Die Waschhäufigkeitszeit war nicht so wie heute und deshalb gab es Kundinnen und Kunden, die nur alle 3 bis 4 Wochen oder mit noch längerem Abstand ihre Haare gewaschen haben. Ein vorzüglicher Nährboden für Läuse! Meist wollten die Kunden es gar nicht glauben und es war ganz schwierig dies zu verklickern.

Aber konsequenterweise wurde jegliche Behandlung abgewiesen, im Gegenteil, alles wurde vernichtet was auch nur im Entferntesten mit der Kundin in Berührung gekommen war. Umhang, Kamm, Bürsten, alles wurde weggeworfen. Dies ist und war immer ein Grundsatz und absolute hygienische Verordnung.

Es gab eine ganz treue, sehr herrschaftliche Kundin. Sie war äußerst angenehm und unterhaltsam. Sie hatte nur eine Unart an sich: Bei fast jedem Friseurbesuch ging sie nach der Behandlung auf die Toilette und nahm in schöner Regelmäßigkeit unser Toilettenpapier mit. Als wir dies endlich bemerkten, waren dann alle Auffüllrollen vor ihrem Besuch stets weggeräumt worden. Ausgerechnet von solch einer Frau hätten wir so etwas nie glauben wollen.
Man sieht also, es gibt nichts was es nicht gibt.

Eines Tages kam eine junge Dame in den Salon und stellte sich vor als Managerin einer bekannten deutschen Schauspielerin. Diese Schauspielerin war *Inge Meysel**.

Inge Meysel: „Fernsehmutter der Nation"

Sie gilt als die „Fernsehmutter der Nation": die deutsche Schauspielerin und Hörspielsprecherin Inge Meysel (1910 bis 2004). Im Laufe ihrer mehr als 70 Jahre währenden Karriere spielte sie die unterschiedlichsten Rollen und Charaktere - von der Putzfrau, über die Salondame bis hin zur hinterhältigen Mörderin.

Sie war immer streitbar, humorvoll und authentisch und zeichnete sich durch ein aktives gesellschaftspolitisches Engagement aus. So klagte sie zusammen mit Alice Schwarzer und acht weiteren Frauen im sogenannten Sexismus-Prozess 1987 gegen den „Stern" mit dem Ziel, dass der Illustrierten untersagt wird, auf ihren Titelseiten Frauen als bloßes Sexualobjekt darzustellen. Dadurch werde beim männlichen Betrachter der Eindruck erweckt, der Mann könne über die Frau beliebig verfügen oder sie beherrschen. Die Klägerinnen verloren jedoch den Prozess. Weiterhin engagierte sie sich für Schwule und Lesben, kämpfte gegen Aids und setzte sich für humanes Sterben ein.

Da ihr Engagement in Basel war, brauchte sie einen Friseur, der ihr eine spezielle Bühnenfrisur machen konnte.
Ich war der Auserwählte!

Also Inge Meysel kam und sie war genauso, wie man sie in Film und Fernsehen kannte:
Forsch, laut, redselig mit typisch Berliner Schnauze, aber nicht arrogant oder unangenehm. Kundinnen, die gleichzeitig im Salon waren, fielen schier vom Stuhl, glaubten es kaum und tuschelten hin und her. Inge Meysel verteilte bald darauf Autogramme und unterhielt sich bestens mit den anwesenden Damen.

Ich machte ihr die Frisur, übrigens ohne Meckerei ihrerseits und zum Schluss sagte sie zu mir frei Schnauze: „Nu bin ik aber froh, dat ik dem Starfriseur *Udo** och mal sagen kann, dat es uffem Land jemauso jute Friseure jibt, wie er glaubt ener zu sein."
Und dann war sie fort.

Meine absolut treueste Kundin ist die Frau, die über unzählige Jahre immer schon die gleiche Eindrehfrisur machen lässt, die die gleiche Form einfordert und mit mir in gleichem zeitlichen Abstand beim Schneiden um jeden Zentimeter kämpft, dafür mir aber sehr interessante Storys aus ihrer Biographie erzählt. Sie stammt aus ganz reichem Haus ab, ihr Vater war ein erfolgreicher Großkaufmann, ihre Mutter kam aus einem Bremer Patrizierhaus und sie waren befreundet mit Konrad Adenauer, Thyssen und Krupps. Gelebt haben sie auf einem Schloss bei Koblenz. Offensichtlich hatten sie alles, was man sich nur vorstellen kann.

„Berlins Regierender Friseurmeister"

*Er gilt als die Friseurlegende in Deutschland: *Udo Walz (geb. 1944). Die Liste seiner ehemaligen Kunden liest sich wie das Who's who von Promis: Sophia Loren, Claudia Schiffer, Romy Schneider oder Mick Jagger von den Rolling Stones. Auch aktuell finden sich in seinem Salon in Berlin immer wieder hochrangige Persönlichkeiten ein, darunter auch Bundeskanzlerin Angela Merkel. Bis nach Hollywood reicht die Liste seiner prominenten Kunden.*

Neben dem Haareschneiden hat er sich auch als Autor betätigt und bisher fünf Bücher geschrieben. Auch kreiert er Haarpflege-Produkte oder moderiert TV-und Radio-Sendungen.

Der deutsche Tennis-Baron

*In den 30er-Jahren galt er als einer der populärsten Sportler Deutschlands: *Gottfried von Cramm (1909 - 1976), auch genannt der Tennis-Baron. Er spielte 101 mal für Deutschland im Davis Cup und konnte dabei 82 Spiele im Einzel und Doppel gewinnen. 1977 wurde er posthum als erster Deutscher in die „International Tennis Hall of Fame" aufgenommen. Boris Becker wurde 2003 aufgenommen, Steffi Graf 2004 und Michael Stich 2018.*

*Gottfried von Cramm** war ihr Tennislehrer, sie hatten Jagd und Jagdaufseher und immer die neuesten Autos aus limitierter Auflage. Am Tisch ging es noch zu wie bei Buddenbrooks, mit Bediensteten in entsprechender Kleidung und vieles mehr.

Eines Tages sagte sie zu mir, als sie wieder einmal aus ihrem Leben erzählte und nachdem sie merkte, dass ich nicht wirklich aufnahmebereit war:
„Ich habe den Eindruck, Sie glauben mir nicht wirklich." Was ich natürlich verneinte.
Daraufhin meinte sie: „Ich bringe Ihnen mal Bilder mit."
Tatsächlich waren all ihre Geschichten über die Bilder dokumentiert, die sie mir beim nächsten Friseurbesuch mitbrachte.

Warum schreibe ich dies? Weil es in wunderbarer Weise beweist, wie toll und vielschichtig die Zusammensetzung der Kundschaft doch sein kann, und wie schön und interessant ein Friseurleben sein kann. Bis zum heutigen Tag ist gerade diese Kundin für mich eine Verpflichtung, stets die Freude und Dankbarkeit zurückgeben zu dürfen.

Unsere Friseur-Kundenbeziehung läuft bestens mit dem allergrößten Respekt und inzwischen über ganz viel Vertrauen, weil ich auch ihre uneingeschränkte Treue zu schätzen weiß.

Viele Jahre hatten wir noch eine Ondulierkundin, die in schöner Regelmäßigkeit ihre besondere Frisur haben wollte.
Also, wie gesagt, Ondulieren war eine ganz schwierige und kunstvolle Arbeit, die es heute nicht mehr gibt. An glattem, trockenem Haar wurden mit einem zweischenkligen Eisen Wellen in das Haar regelrecht eingebrannt. Die Kunst lag schon mal darin, das Eisen richtig am Bunsenbrenner zu erhitzen. Abgetestet wurde es, indem man das Eisen in einfaches Zeitungspapier presste und schaute, ob das Papier anfing zu brennen oder nur braun wurde.

War es noch zu heiß, so wurde das Eisen in der Hand des Friseurs geschwungen, um es abzukühlen. Danach kam nochmals die Probe am Zeitungspapier. Erst wenn die Temperatur okay war, konnte man die Wärme ans Haar bringen, ansonsten würde das Haar sofort versengen.

Wie schon erwähnt, ich habe dieses Ondulieren gehasst und trotzdem noch zur Gesellenprüfung üben müssen.

Hinzu kam, dass meine Mutter dieses Ondulieren sehr gut konnte und auch regelmäßig im Salon an dieser einen Kundin praktizierte. Diese Lieblingskundin hatte immer diese Frisur mit einem speziellen Knoten am Hinterkopf. Allein wenn man ihre Haare aufmachte, sah man nur überlange und extrem dünne Haare.

Zur Vorbereitung der Ondulation musste das Haar ganz genau abgeteilt werden. Alles war minutiös geordnet und dann ging es los.

Ich schaute oft mit größter Bewunderung meiner Mutter zu. Das Schlimmste aber war, dass diese Kundin zu mir sagte: „Lueg nur genau zu, well wenn d`Mutter in Urlaub goht, chumm i extra zu dir, damits nit verlehrsch.“

Ich verstand dies als Drohung. Aber es war kaum zu glauben, sie hatte diese Ankündigung wiederholt eingelöst. Schweißgebadet liess ich es über mich ergehen. Bei allem strengte ich mich natürlich sehr an, aber es wurde nie so gut wie bei meiner Mutter, und ich hatte die doppelte Zeit gebraucht.

Allerdings, ich habe auch nie Haare verbrannt, worauf ich letztlich sehr stolz war. Noch stolzer war jedoch diese Kundin, weil sie glaubte, ein gutes Werk getan zu haben.
Welch eine unterschiedliche Sichtweise!

Eine besondere Geschichte ist die von einem liebenswerten, etwas älteren Gesellen aus Gresgen. Er war Maler von Beruf und äußerst bescheiden. Jeden Morgen, bevor er zur Arbeit ging, ob Sommer oder Winter, stand er frühmorgens vor dem Geschäft und wartete, bis wir öffneten.

Die Zeitung, die vor der Türe gelegen hatte, brachte er mit und heftete sie unaufgefordert in den Zeitungshalter, à la Caféhaus in Wien, um sie dann zu lesen.

Da saß er nun, Haareschneiden oder Rasieren wollte er sich jedoch nicht lassen. Er kam nur zum Zeitung lesen und im Winter, um sich aufzuwärmen. Je nach Story in der Zeitung konnte er das Fluchen nicht unterlassen, so laut, bis ihn mein Vater ermahnte. Seine politische Einstellung war linker als links und dementsprechend schimpfte er immer über die sogenannten Oberen.

Einmal, so erinnere ich mich, kam er spät abends in den Salon, vollkommen durchgenässt und ziemlich alkoholisiert. Mein Vater fragte ihn:
„Um Gotteswillen, wie siehsch denn du us, was isch denn passiert?"
Er antwortete: „Weisch i bin halt neume in Bach kait, wo weiss i aber nümmi."

Daraufhin wurden ihm die Kleidungsstücke ausgezogen, über die Heizung gelegt, mit dem Föhn soweit es ging getrocknet und ihm ein wärmender Tee gereicht.

Als Höhepunkt ließ er sich dann noch die Haare schneiden und meinte danach: „Weisch Karli, Geld han i kains meh, aber dodefür sing i dir mol ä Ständeli.“

Und es ist eigentlich kaum zu glauben, es war kurz vor Ostern, da stand dieser Maler unter unserem Fenster zum Schlafzimmer, ganz frühmorgens, leicht alkoholisiert und sang mit einer schönen Tenorstimme meinen Eltern sein versprochenes „Ständeli“.

Für relativ kurze Zeit hatten wir einen außerordentlich gut aussehenden Friseur als Mitarbeiter. Um es kurz zu sagen, er kam bei der Damenwelt super an, aber genauso gut bei den Herren. Man wusste nie, welche Spezies er mehr genoss und bevorzugte. Jedenfalls war er sehr begehrt.

Eines Tages kam ein sehr gut aussehender Kunde in den Salon und fragte nach eben diesem Friseur. Er schaute zuerst mich an und meinte ganz lapidar: „Du bist nicht mein Typ.“ Worüber ich auch gar nicht traurig war. Erst als er unseren Friseur sah, leuchteten seine Augen. Er ließ sich bedienen mit Schnitt, Haarfarbe und Maniküre.

Als unser Stylist ihm aber eine Kopfmassage verpasste, verdrehte dieser Kunde die Augen und schrie ganz laut: „Hör auf, hör sofort auf, ich garantiere für nichts mehr.“

Unser Stylist jedoch wusste ganz genau was er tat. Jede Massagebewegung bedeutete mehr Trinkgeld.

Die Quintessenz dieser Geschichte war, dass der Kunde alle 3 Tage zu speziellen Kopfmassagen kam.

Aber das Schöne war, es kamen auch regelmäßig mindestens zwei, gar drei Kundinnen, die er mit der gleichen Intension massierte. Hier galt wieder eindringlich der Slogan: „Was Friseure können, können nur Friseure."

An Fasnacht kam genau dieser Kunde mit dem Auftrag an seinen Lieblingsfriseur, er solle ihn so herrichten wie die Königin Beatrix von Holland, die er sehr verehrte, warum auch immer. Er hatte ein Bild dabei und genau das abgebildete Abendkleid der Königin hatte er sich schneidern lassen.

Er selbst gab einen Hofball, irgendwo im Hotzenwald. Zuerst wurde eine Perücke in der gleichen Haarfarbe, Länge und Struktur ausgesucht und bestellt. Dann, als dieses Teil da war, wurde frisiert und wieder frisiert, bis die Frisur genauso aussah wie bei Beatrix.

Allein das Make-up wurde immer und immer wieder geübt. Geld spielte dabei keine Rolle. Es war für uns alle die totale Herausforderung und vor allem eine sich sehr lohnende.

Es gilt halt in unserem Beruf immer der Satz: „Es gibt nichts, was es nicht gibt!"

Perücken und Haarteile

Was war das noch für eine Zeit! Aus dem Nichts heraus wurden plötzlich Perücken und Haarteile hochmodern. Bei Haarteilen waren es Farah Diba, die zweite Frau vom persischen König, und die Schauspielerin Audrey Hepburn, die die Damenwelt mit ihren hoch gebauten Frisuren verrückt machten.

Jede Kundin, die zu wenig, zu kurzes oder sehr feines Haar hatte, wollte dies über ein einfrisiertes Haarteil auffüllen. Dieser falsche „Wilhelm", so nannte ihn meine Mutter, wurde immer anfangs der Woche gebracht zum Waschen, Reinigen und Richten für das bevorstehende Wochenende.

Am Samstag kamen dann die besagten Damen und ließen sich dieses Teil sehr kunstvoll einfrisieren. Meist wurde es ein „Turmbau zu Babel" und ich spöttelte mit der Ansage: „Jetzt muss i aufhöre mit toupiere, sunscht chunsch nümm zur Tür usse", was jede Kundin lächelnd akzeptierte.

Man muss halt schon wissen, zu dieser Zeit war der Sonntag der Tag, wo man sich besonders chic machte. Da gab es Sonntagskleidung, Sonntagsschuhe und Kleiderordnung. Man trug als Mann Anzug und Krawatte und als Frau ein Sonntagskleid oder Kostüm. Niemand wäre auf die Idee gekommen, dies an einem anderen Werktag zu tragen. Ausnahme war, wenn man in die Stadt fuhr, selbst nach Lörrach, da wollte man dann etwas Besonderes sein.

Hosen für Frauen oder eine Kombination, also eine Jacke, die farblich und vom Material anders war als die Hose beim Herrn, waren absolut verpönt. Jeans gab es noch gar nicht und später galt es als indiskutables Kleidungsstück.

Ich hatte einmal einen Chef, der hasste regelrecht Jeans und dementsprechend durften wir Mitarbeitenden nie welche tragen.

Das andere riesige Thema, das aus dem Nichts kam, waren die Perücken. Bei ihnen erzürnte es sich in mir, wenn ich auf der Straße schon aus 100 Kilometer Entfernung sah, was für eine schauderhafte Perücke mir entgegenkam. Nicht genug, dass die Frauen aussahen wie laufende Wischmopps. Viel schlimmer noch war, dass diese Perücken in Serien in den einschlägigen Kaufhäusern verkauft wurden, ohne sie der jeweiligen Trägerin anzupassen über Schnitt und Form. Im Gegenteil, da war nur eine Angestellte, eine ehemalige Friseurin, die zwar wusste wie man so ein Teil richtig aufsetzte, was ja gar nicht so einfach war, und es dann sehr geschickt hinfrisieren konnte zur Überzeugung der Trägerin.

Oft schaute ich aus der Entfernung in einem bestimmten Kaufhaus zu und dachte bei mir, wie die Kundin wohl am anderen Tag aussehen wird, wenn sie diese Zeremonie selbst machen muss. Und genauso, wie in meiner Vorstellung, kamen mir wiederholt die Frauen auf der Straße entgegen.

Falsch aufgesetzt, falsch frisiert und total deformiert. Hauptsache die Perücke war verkauft und das Kaufhaus hatte Umsatz gemacht.

Dies waren für mich oft kaum zu ertragende Schmerzen. Mir war es immer wichtig, Menschen zu verschönern und sie nicht zu verschandeln.

Lehrlinge damals, Auszubildende heute!

Eigentlich ist es kaum zu glauben, wie sehr sich doch die Zeiten geändert haben. Vieles natürlich auch zum Positiven und heute nicht mehr wegzudenken. Trotzdem darf man nie vergessen, wie es einmal war, auch nicht als Lehrling.

So ist zum Beispiel meine Mutter im Sommer mit dem Fahrrad - Sie wollen nicht wissen, wie das Fahrrad aussah - von Zell nach Lörrach-Stetten gefahren und abends wieder zurück. Das waren gute 25 Kilometer. Welch eine Leistung! Oder Lehrlinge haben oft Botengänge gemacht, sind mit dem Chef in den Wald gegangen um Holz zu schlagen und vieles mehr.

Wir hatten in der Schopfheimer Straße vom Gehsteig aus, gedeckt von einer großen Eisenplatte, einen Abgang in einen schaurigen Keller, wo Kartons, Unrat aber auch Waren gelagert waren.

Einmal im Monat mussten wir mit einem sogenannten Leiterwagen das ganze Zeugs aufs Dreckloch in den Möhren fahren. Möhren ist ein Berg in Zell.

Ein junger Geselle und ich mussten dies erledigen und unterwegs machten wir natürlich allerlei Blödsinn. Wir rauchten, stahlen Kirschen und benötigten unendlich viel Zeit, zum Entsetzen unseres Chefs. Jedes Mal war eine Standpauke fällig und als Strafe mussten wir den gesamten Salon putzen. Was dies bedeutete, hatte viel mit militärischem Drill zu tun. Und trotzdem war der Gang zum Dreckloch immer ein Erlebnis. Was in diesem Keller sonst noch alles geschah, zumal wir auch weibliche Lehrlinge hatten, darüber schweigt des Sängers Höflichkeit.

Heute darf man nicht mehr Lehrling sagen, er darf auch nicht arbeiten, sondern er muss ausgebildet werden und Arbeitszeiten, Pausen, Urlaub, Sicherheitsvorschriften und Ausbildungsnachweis sind minutiös einzuhalten. Heute kommt der Auszubildende mit Motorroller oder gar Auto und selbst, wenn er nur 5 Minuten vom Salon entfernt wohnt.

Kritik oder gar Tadel haben sich heute in konstruktives Betrachten gewandelt und man macht es schon gar nicht vor dem Kunden, was früher üblich war.

Jeder Lehrling vor mir wurde noch mit einer Ohrfeige beglückt, während ich zwar nicht besser war, aber meinen Chef und Vater besser kannte. Ich wusste, wann es genug war. Heute hingegen kippt die Waage oft in die andere Richtung, in dem Respekt, Anstand und Höflichkeit zu Fremdwörtern verkommen.

Eines ist allerdings immer gleich geblieben, zu allen Zeiten, die Liebe und Freude, Menschen durch Haare zu verschönern. Wer dies von Anfang an kapiert hat, wird Erfolg haben und auch sein Geld verdienen.

Wenn es ein Lehrling von Anbeginn der Lehre schafft, Kunden über seine Leistung an sich zu binden, der wird auch gutes Trinkgeld bekommen.

Wer morgens nur eine Kundin hat und mittags eine Reklamation, der wird früher oder später, ohne respektlos zu sein, Regale auffüllen oder irgendwo an der Kasse sitzen und zum potentiellen Schwarzarbeiter werden. Was für eine Karriere!

Früher war man als Lehrling oftmals auch Zielscheibe von so manchem Kunden. Ein Kunde, ich erinnere mich noch ganz genau, war bei mir zum Haare schneiden. Er war immer ein Schlitzohr. Ich, als Lehrling noch unerfahren, war seiner Boshaftigkeit ausgesetzt. Ich schnitt und schnitt und plötzlich schrie er ganz laut: „Au!“ Ich, total erschrocken, schaute rüber zu meinem Vater, der nebenan einen Kunden bediente, und ganz ungehalten mich ermahnte, obwohl ich nichts getan hatte, weder gerupft, geschnitten noch gepfetzt (gekniffen, gezwickt).

Es bereitete dem Kunden offensichtlich größtes Vergnügen, mich aus dem Konzept zu bringen, denn dieses Spiel wiederholte er hin und wieder, bis natürlich auch mein Vater merkte, dass dies nur Spaß sein sollte. Ich habe diesen Kunden seitdem nie mehr bedient.

Ein anderes, unvergessenes Erlebnis war, als meine Eltern mir den Salon zur alleinigen Führung übergaben. Es war im Sommer, ich war frisch ausgelernt und die Eltern gingen in ihre Sommerferien. Mit zwei Friseurinnen schmiss ich hochmotiviert diesen Laden. Wir wollten ihnen zeigen, dass es auch ohne sie ging.

Also, es war ein wunderschöner, sonniger Tag. Eine Friseurin, die übrigens klasse Schnitte machte, sehr gut aussah und junge Männer scharenweise zu ihren Kunden zählte, schnitt einem Italiener die Haare.

Sie scherzte, flirtete und war nahezu fertig, wollte nur noch mit einem Messer um die Ohren herum ausrasieren. Da geschah das Unglück: sie schnitt ihm ins Ohr.

Er, ein absoluter Vollblüter, blutete ohne Ende. Der Alaunstift half nicht, erst als ich aus der Apotheke blutstillende Watte holte, stoppte die Blutung. Das Schlimmste aber war, es gab damals weiße Baumwollumhänge und das Blut tropfte unaufhörlich, so dass dieser Umhang bald zu einer riesengroßen Blutlache wurde. Parallel kam ein gut gepflegter Kurgast und wollte sich auch bedienen lassen. Doch als er diesen blutgetränkten Umhang sah, machte er auf dem Absatz kehrt und verließ schnurstracks unseren Salon. Unser Vollblut-Italiener hingegen war ganz entspannt und als die Wunde einigermaßen gestillt war, stand er auf und wollte zahlen, was ich natürlich nicht zuließ. Und was machte er? Als Dankeschön gab er der Friseurin, die ihn geschnitten hatte, den vollen Friseurpreis als Trinkgeld!

So kann es passieren. Doch ich war froh, dass diese Sache so glimpflich ausging.

Herzig war auch die Story mit einem Lehrling aus dem Hinterhag. Übrigens ein nettes, unverdorbenes Bürschlein, das bei uns lernte. Einmal nahm er mit meinem Vater im Personalraum das sogenannte „z´Nüni“ ein. Beide waren gut gelaunt, saßen zusammen und unterhielten sich, bis mein Vater sagte: „Gell Kurt, esse und trinke sin doch die drei schönste Sache.“ Daraufhin erwiderte unser Kurt ganz erstaunt: „Aber Herr Zimmermann, des sin doch nur zwei Sache.“ Etwas später hat er auch die dritte Sache kennengelernt.

Geschichten und Erlebnisse mit Kunden II

„Dä General“
Der beste Kunde meines Vaters war ein ganz besonderer Mensch, der täglich zu uns kam, um sich rasieren zu lassen. Ein Gentleman, gebildet aber nicht eingebildet. Wir nannten ihn „General“ und er war es auch im 2. Weltkrieg. Natürlich wurde mit ihm politisiert, aber noch viel mehr jeden Tag über Fußball geredet. Er war nämlich als Jugendlicher in einem hochklassigen Proficlub und verstand sehr viel davon.

Wie gesagt, er kam täglich zur Rasur, meistens kurz vor der Mittagszeit. Der Salon war von 12 bis 13.30 Uhr geschlossen. Während meine Mutter ein Stockwerk höher das Mittagessen zubereitete, passierte es leider sehr oft, dass der General, mein Vater und ich vor lauter Fußball die Zeit vergaßen. Bis nach geraumer Zeit das Telefon klingelte und unsere Mutter „not amused“ uns unmissverständlich anmahnte. Manches Essen war ihr dadurch verkocht oder verbrannt, was immer unserem General geschuldet war.

Einmal an der Zeller Fastnacht - meine Mutter war eine ganz verrückte Fasnächtlerin - es war ein Maskenball, ging meine Mutter maskiert zum General, holte ihn zum Tanz und wusch ihm dabei die Kappe. Das heißt, sie machte ihrem Ärger Luft, indem sie sagte: „Bürschli, du häsch mir scho mengi Suppe versaut.“

Er blieb verdutzt und hat Zeit seines Lebens nie erfahren, wer ihn unter der Maske so zusammenfaltete.

Da ich selbst Fußball spielte, hatten wir in unserem Salon alle Verantwortlichen, vom Trainer über Vorstände und Spieler in unserer Kundschaft. Einer davon war ein ganz Verrückter, „Dä Fuddi."

Er kam in der Woche drei Mal, um sein schütteres Haupthaar massieren und durchkneten zu lassen, weil sein Vater schon sehr früh eine totale Glatze hatte, und dies wollte er auf keinen Fall.

Er fragte also uns, was man tun könne.
Wir eröffneten ihm, wenn er Zeit und Geld hätte, gäbe es nur die professionelle Kopfmassage mit allen erdenklichen Wässerchen. Damit war er einverstanden und konsequent kam er über viele Jahre drei Mal pro Woche zur Massage; mit dem Erfolg, dass er sein Haupthaar mit wenigen Verschleißerscheinungen behielt.

Für mich war es oft eine Strafe, ihn zu massieren, weil er einen so harten Schädel hatte, dass mir nach 15-minütiger Massage die Finger schmerzten. Er motivierte mich immer mit dem Satz: „Wenn ä Wuet häsch über dien Vatter, an mir chasch si ustob."

Es gab auch den Kunden, den ich immer zur Fastnachtszeit auf der Latte hatte, weil er jedes Jahr am Fastnachtsdienstag uns schon vor der eigentlichen Öffnungszeit raus klingelte. Blödsinnigerweise gab es neben der Eingangstür eine solche Klingel, warum auch immer. Jedenfalls war ich der Erste, der die Tür aufschließen musste. Dazu muss man auch wissen, mein Vater, als sehr strenger Chef, hatte immer die Devise: „Wer feiern kann, kann auch arbeiten." Dies war ein Kernsatz und da gab es keinen Spielraum.

Da ich selbst ein leidenschaftlicher Narr bin und war, und natürlich spät ins Bett ging oder gar keinen Schlaf hatte, musste ich diesem „Troche-Hüler“ (Mitglied einer Fasnet-Clique) aufsperren. Jedes Jahr kam von ihm immer die gleiche blöde Anmache: „Lueg di mol a im Spiegel, wie du wieder ussiesch, isch´s wenigschtens schön gsie?“

Meine gute Kinderstube verbot es mir, darauf entsprechend zu antworten: „Same procedure as every year.“

Letztlich hat man als Friseur aber in erster Linie Anerkennung und viel Freude mit den vielen tollen Menschen, die man im Laufe der Zeit bedient hat. Da wächst gerade bei Stammkunden eine Bindung im zwischenmenschlichen Bereich, man wird eingebunden in das Vertrauen und als guter Friseur weiß man dies zu schätzen. Da werden private Sorgen erzählt, man erfährt das unendliche Leid der Krankheiten, man leidet oft selbst mit, man erzählt vom Börsencrash, wo der Mann Geld verloren hat, ein anderer hat Haus und Hof auf der Spielbank verzockt, man erlebt traumhafte Hochzeitsvorbereitungen mit, aber auch den Schmerz, wenn man einen lieben Kunden wieder verloren hat.

Diese Geschichten und Erlebnisse sind heute wie früher genauso präsent und genau durch all dies, ist es sicherlich auch heute noch ein wunderbarer Beruf.

In diesem Zusammenhang erinnere ich mich an eine wunderbare, gepflegte, hochbetagte Dame, die allerdings dement war. Jeden Monat kam sie mit einer ihr bekannten Pflegekraft und ließ sich die Haare

waschen, eindrehen und frisieren. Ich bin mir sicher, sie wusste gar nicht, dass sie beim Friseur war. Aber für mich war es jedes Mal ein Erlebnis, wenn ich ihr Gesicht anschauen konnte. Sie hatte immer einen solch einzigartigen, zufriedenen Glanz in ihren Augen, der mich faszinierte. Ihre Pflegekraft strich ihr immer auch über ihre Hände und sagte: „Jetzt werde sie aber wieder ganz schön gemacht."
Sie lächelte nur und war zufrieden.

Einmal sollte eine Auszubildende ihr die Haare waschen und sie zum Eindrehen vorbereiten. Beim Haarewaschen ging der Azubi so lieblos mit dieser Frau um, frei nach dem Motto: „Die kriegt ja doch nichts mit." Ich nahm mir diesen Azubi zur Brust und erklärte ihr unmissverständlich: „Diese Frau hatte studiert, eine gut gehende Zahnarztpraxis geleitet, drei Kinder groß gezogen und du glaubst, sie so behandeln zu müssen. Noch einmal ein solches Verhalten und du hast bei mir Flugtag!"

Ähnlich verlief es mit dem Praktikanten, der für eine Woche bei uns reinschnupperte. Ich erklärte ihm, dass er in dieser Woche halt nicht so viel machen könne. Wir lernten ihn Haare waschen und sonst sollte er zuschauen. Er konnte auch beweisen, wie höflich er mit Kunden umgehen kann, Kaffee reichen, Lesestoff bringen und vielleicht den Mantel abnehmen. Es kam eine Kundin in den Salon und ich sagte zu ihm: „Dort kannsch dä Mantel abnäh." Er erwiderte: „Die isch doch nit krank!"
In den nächsten paar Minuten war unsere Zusammenarbeit beendet.
So geht das gar nicht.

Es gibt so viele Begebenheiten, die man als Friseur erleben darf, dass es geradezu Freude macht, sie aufschreiben zu dürfen.

Einmal kam ein wirklich altes Mütterchen, mit ganz schütterem und feinem Haar in den Salon, klein, wacklig, am Stock gehend und meinte: „Sie will nur vom Chef geschnitten werden."

Natürlich schnitt ich ihr die Haare. Ganz vorsichtig ging ich mit ihr und ihren wenigen Haaren um. Während des Haarschnitts aber überlegte ich mir, was für einen Preis ich denn dafür nehmen soll. Ich konnte ihr doch nicht den offiziellen Preis nehmen, so dachte ich.

Parallel erzählte mir diese wunderbare alte Frau, dass sie am anderen Tag für fünf Monate nach Mallorca fliege um zu überwintern, weil sie den Winter und die Kälte hier nicht möge. Hallo, dachte ich; nach dem Motto: Man sollte niemals um anderer Geldbeutel nachdenken und beurteilen. So kann man sich täuschen.

Gern erinnere ich mich auch an ein Ehepaar, die beide als ganz treue Kunden in meinen Salon kamen. Sie waren 65 Jahre verheiratet und beiden war immer wieder anzusehen, wie sie auch im hohen Alter sehr verliebt waren.

Ihr war Frisur das Höchste und ich als Friseur war, neben ihrem Mann der Wichtigste. Wenn die Frisur nicht saß, so erzählte es mir ihr Mann permanent, dann war sie ungenießbar. Er, als Ehemann alter Schule, brachte sie und holte sie ab, kam extra mit Schirm, falls sie ihn vergaß, brachte etwas zu essen und verabschiedete sie immer mit einem lieben Wort. Pünktlichst stand er auf der Matte zum ausgemachten Zeitpunkt und bewunderte gleich ihre schönen Haare.

Später, als die Frau krank wurde, machte ich Hausbesuche, denn wie gesagt, Haare waren ihr sehr wichtig. Er saß immer am Tisch und hielt ihre Hand, während ich die Haare schnitt, eindrehte und frisierte. Alles war längst vorher auf dem Tisch gerichtet, Spiegel, Handtuch und Spray.

In dieser Zeit sind so viele Geschichten und Erlebnisse erzählt worden, die mir eine gewisse Lebensschule gaben. Jedenfalls bin ich wiederholt voller Zuversicht und nicht ohne Stolz weggegangen, weil ich wusste, Friseur ist einfach mehr als nur Haare machen.
Ein gutes Gefühl!

Pressestimme über Dieter Zimmermann

Spaß am Frisörberuf, der viele kreative Seiten hat

Ein Handwerk im Wandel: Dieter Zimmermann seit 25 Jahren in Schopfheim - Die Männer sind viel modebewußter geworden

SCHOPFHEIM (mj). Frisörmeister Dieter Zimmermann ist mit seinem Intercoiffure-Salon aus Schopfheim nicht mehr wegzudenken. Seit 25 Jahren ist er jetzt in dieser Branche, was er wohl in erster Linie der Begeisterung seiner Eltern Karl und Gertrud Zimmermann für dieses Handwerk zu verdanken hat, die sich nämlich vor 50 Jahren mit einem Frisörsalon in Zell etablierten. Die Zweigstellen in Schopfheim, Hausen und seit neuestem auch Schönau, sind alle in Familienhand geblieben.

Dieter Zimmermann ging 1964 in die Lehre beim Vater, 1971 machte er seinen Meister. Anfangs sei er von der Familie in den Beruf hineinmanöveriert worden, verrät Dieter Zimmermann. „Der Spaß kam aber schon nach den ersten paar Wochen“, denn die Kreativität, die mit dem Beruf einhergehe, komme seinen Interessen entgegen. In den Anfangsjahren beteiligte er sich leidenschaftlich gern und erfolgreich an Wettbewerben. Vor rund 20 Jahren wurde er Weltpokalsieger in Paris.

Markgräfler Tagblatt

Spaß am Frisörberuf, der viele kreative Seiten hat

Ein Handwerk im Wandel: Dieter Zimmermann seit 25 Jahren in Schopfheim – Die Männer sind viel modebewußter geworden

SCHOPFHEIM (mj). Frisörmeister Dieter Zimmermann ist mit seinem Intercoiffure-Salon aus Schopfheim nicht mehr wegzudenken. Seit 25 Jahren ist er jetzt in dieser Branche, was er wohl in erster Linie der Begeisterung seiner Eltern Karl und Gertrud Zimmermann für dieses Handwerk zu verdanken hat, die sich nämlich vor 50 Jahren mit einem Frisörsalon in Zell etablierten. Die Zweigstellen in Schopfheim, Hausen und seit neuestem auch Schönau, sind alle in Familienhand geblieben.

Dieter Zimmermann ging 1964 in die Lehre beim Vater, 1971 machte er seinen Meister. Anfangs sei er von der Familie in den Beruf hineinmanöveriert worden, verrät Dieter Zimmermann. „Der Spaß kam aber schon nach den ersten paar Wochen“, denn die Kreativität, die mit dem Beruf einhergehe, komme seinen Interessen entgegen. In den Anfangsjahren beteiligte er sich leidenschaftlich gern und erfolgreich an Wettbewerben. Vor rund 20 Jahren wurde er Weltpokalsieger in Paris.

Im Rückblick auf 25 Jahre habe sich der Beruf komplett verändert. „Früher gingen die Leute fast nur wochenends zum Frisör“, erzählt Zimmermann. Die Rolle der Frau habe den Beruf nach vorn gebracht, denn sie läßt sich heute nicht für andere, sondern für sich selbst verschönern. Das Fönen, das heute eine große Rolle spielt, war vor 25 Jahren kaum ein Thema. Die höchste Zuwachsrate habe die Branche heute durch die Herren, denn ihr Modebewußtsein sei enorm gestiegen. Das Spiel mit Farben – besonders bei Haaren – sei zum zentralen Thema geworden. In den 50 Jahren wurden bei den Meistern Zimmermann rund 100 Lehrlinge ausgebildet. Viele Auszubildende unterschätzen das Berufsbild, erklärt der Frisörmeister, denn die Anforderungen seien hoch. Es sind nicht nur Geschicklichkeit und Kenntnisse gefragt, es gilt auch, die strengen gesundheitlichen Vorschriften zu beachten. Hinzu komme der wichtige Bereich des Persönlichkeitstrainings, denn Kommunikation, Beratung und der Umgang mit Menschen wolle gelernt sein, um Atmosphäre zu schaffen. „Für viele Frauen bedeutet der Frisörbesuch, eine Stunde zu entspannen“.

Dieter Zimmermann zollt seinen Eltern, die das Geschäft aufbauten, großen Respekt. „Beide waren 50 Jahre im Beruf und davon mal gerade vier Wochen krank“. Sie haben damals „bei Null“ angefangen und Pionierarbeit geleistet – besonders für dieses Hanwerk.

Dieter Zimmermann liebt seinen Frisörberuf sehr. FOTO: JUNG

Im Rückblick auf 25 Jahre habe sich der Beruf komplett verändert. „Früher gingen die Leute fast nur wochenends zum Frisör", erzählt Zimmermann. Die Rolle der Frau habe den Beruf nach vorn gebracht, denn sie läßt sich heute nicht für andere, sondern für sich selbst verschönern. Das Fönen, das heute eine große Rolle spielt, war vor 25 Jahren kaum ein Thema. Die höchste Zuwachsrate habe die Branche heute durch die Herren, denn ihr Modebewußtsein sei enorm gestiegen. Das Spiel mit Farben - besonders bei Haaren - sei zum zentralen Thema geworden.

In den 50 Jahren wurden bei den Meistern Zimmermann rund 100 Lehrlinge ausgebildet. Viele Auszubildende unterschätzen das Berufsbild, erklärt der Frisörmeister, denn die Anforderungen seien hoch. Es sind nicht nur Geschicklichkeit und Kenntnisse gefragt, es gilt auch, die strengen gesundheitlichen Vorschriften zu beachten. Hinzu komme der wichtige Bereich des Persönlichkeitstrainings, denn Kommunikation, Beratung und der Umgang mit Menschen wolle gelernt sein, um Atmosphäre zu schaffen. „Für viele Frauen bedeutet der Frisörbesuch, eine Stunde zu entspannen."

Dieter Zimmermann zollt seinen Eltern, die das Geschäft aufbauten, großen Respekt. „Beide waren 50 Jahre im Beruf und davon mal gerade vier Wochen krank."

Sie haben damals „bei Null" angefangen und Pionierarbeit geleistet - besonders für dieses Handwerk.

Der Artikel erschien 2010 im Markgräfler Tagblatt.

Karrierechancen: früher - heute

Ca. 80 zu 20 ist das Verhältnis des Geschlechteranteils im Friseurberuf plus/minus schon immer gewesen. 80 Prozent Mädels, die meistens den Beruf erlernen oder erlernten mit der Absicht, danach nach 1 bis 2 Gesellenjahren baldmöglichst zu heiraten. Nur ganz selten ergreift ein Mädchen den Beruf, um zeitlebens auch darin arbeiten zu wollen. Wenige machten sich früher selbstständig. Das alte Rollenbild, dass eine Frau „versorgt" sein sollte, zu Kind und Herd hingehörte, war gängige Regel.

Anders bei den 20 Prozent Männern. Da war es immer klar, wer diesen Beruf erlernt, wird Geselle, macht den Meister, um dann irgendwann selbstständig zu werden. Denn nur wer selbstständig ist, kann seine Familie ernähren. So lautete der Kernsatz, der früher auch einigermaßen stimmte. Wettbewerb und Ertrag waren damals, als Deutschland im Aufbau war, Kundenbesuche konstant, soziale und steuerliche Belastungen noch erträglich waren, bei entsprechendem Einsatz und Können relevant. Allerdings waren dies auch die einzigen Karrieresprünge: Lehrling, Geselle, Meister.

Heute hingegen ist das ganz anders: Erstens sind über die Emanzipation viel mehr Frauen selbstständig, sie heiraten später, möchten auf eigenen Beinen stehen und ihr eigenes Geld verdienen. Ferner gibt es geniale Arbeitsmöglichkeiten, wenn man gut ist, zum Beispiel als Schiffs-Friseurin, als Friseurin in Top-Hotels oder als Salon-Leiterin in Franchise-Unternehmen. Selbst in der Industrie gibt es Chancen als Fachberaterin, Trainerin, Referentin oder Top-Akteurin bei Shows und Events. Selbiges gibt es natürlich auch für Männer.

Männer haben es naturgemäß einfacher, da Kinder immer eher an den Frauen hängen bleiben. Denn all diese Karrieremöglichkeiten erfordern hohen Einsatz und es gilt der Slogan: „Wer erfolgreich sein will und gutes Geld verdienen will, muss immer mehr als weniger arbeiten."

Und nicht, dass der Eindruck entsteht, wer sich selbstständig macht ist aus dem Schneider. Nein, heute ist der Markt so gesättigt, der Wettbewerb um ein Vielfaches größer, die Nebenkosten wie Steuern, Abgaben und Lohnnebenkosten so hoch, dass im Ertrag viel weniger auf der Habenseite steht wie früher.

40 Prozent zum Beispiel deutscher Frauen gehen nicht zum Friseur. Sie werden über Schwarzarbeit bedient. An die 2 Milliarden Steuern, die dem Staat so verloren gehen und immer noch geschützt werden, weil es heißt, „dies wäre Sparen des kleinen Mannes."

Etwa zwei Drittel der deutschen Friseurgeschäfte bewegen sich in minimaler Gewinnzone, wenn sie nicht schon bereits betrieblich tot sind.

Also, als Quintessenz bedeutet es heute: viel mehr Chancen, aber auch viel mehr Risiken. Was zum Beispiel gar nicht geht, ist nur auf billig zu machen, keinen betrieblich relevanten, kalkulatorischen Preis zu nehmen. Daran krankt die Branche und da nützt es gar nichts, wenn behauptet wird: „Haben wir nicht den schönsten Beruf der Welt!"
Schön ist er dann, wenn auch noch Geld verdient wird.

Mindestlohn

Gerade heute haben wir ein massives Problem des Fachkräftemangels. Natürlich hängt dies auch mit der Entlohnung zusammen, weshalb die Erhöhung des Mindestlohns dringend nötig ist.

Aber auch das Bewusstsein, dass gute Entlohnung auch immer abhängig ist von einem sehr guten Umsatz.

Mit 15 Euro pro Schnitt wird man zum Akkordarbeiter und kommt nie zu einem tollen Umsatz, daraus folgt auch nur eine Mindestentlohnung. Das müsste in der Öffentlichkeit mehr aufgezeigt werden, um das Verständnis für reelle Preisgestaltung zu erhöhen. Dadurch würde unsere Branche in ein akzeptableres Licht gestellt werden.

Nichts ist stetiger als der Wandel

Was hat sich doch nicht alles verändert in 70 Jahren! Musik, Kleidungsstile, Wohneinrichtungen, Autos, Telefon, Fernseher bis hin zur totalen Digitalisierung. Unzählige Beispiele wären zu nennen und die jüngeren Leute würden nicht glauben, dass es jemals Zeiten gab, wo Geschirrspüler und Waschmaschine noch nicht mal angedacht waren. Geschweige der Flug zum Mond oder Flüge durch die ganze Welt! Für 100 Euro nach Mallorca fliegen oder Massentourismus auf den Mount Everest oder aufs Matterhorn.

Was mir damit auf dem Herzen liegt, ist einerseits große Bewunderung und großer Respekt vor soviel Genialität, aber auch die Sorge um eine Entwicklung, die nicht abzuschätzen ist. Manchmal frage ich mich, wie die Welt in weiteren 70 Jahren aussehen wird. Viele Themen machen einfach nur Angst. Heute herrscht schon eine solche Anonymität und Kälte, eine Gläsernheit, die einfach erschreckt. Respekt, Achtung und Disziplin verkommen zu Werten, die total verloren gehen.

Und da bin ich bei einem Thema angelangt, das mir große Sorge bereitet und doch gerade in unserem Beruf immer noch der Garant sein wird für einen grundlegenden Erfolg.

Man muss das Rad nicht neu erfinden, denn einen Kreis kann man auch nicht mehr verbessern oder korrigieren. Und unser Kreis des Erfolgs als Friseur wird immer sein: Freundlichkeit, Höflichkeit, Sauberkeit und Pünktlichkeit!

Wer all dies bei hoher fachlicher Qualität bietet, wird jeden Wandel überstehen. Dies sind einfach Grundregeln, wie zum Beispiel, dass niemand jemals ein schlechtes Essen bestellen wird oder gar lieber an einem schmutzigen Tisch sitzt, als an einem sauberen.

Selbst das Bewerbungsschreiben oder das Schreiben eines Briefes in einer wunderschönen Schrift wird immer augenfälliger und wohlwollender sein.

Deshalb ist meine Erfahrung gerade in heutiger Zeit, wo viele glauben, das Rad wirklich neu erfinden zu müssen, vieles wäre Schrott von gestern, überholt von der Zeit und wo nur noch Ellenbogen und Profit zählt, dass je mehr diese Entwicklung fortschreitet, desto wichtiger die kleine Oase Friseursalon wird.

Nicht allein wegen Frisur und Aussehen, sondern wegen der Empathie des Friseurs zu jedem einzelnen Kunden. Ein Ort, wo man als Person noch wahrgenommen wird, wo man zuhört, berät und auch lacht. Ein Ort, wo über das Gefühl der Hände, bei der Kopfwäsche oder Massage, Menschen berührt werden, die sonst nur noch Kälte erfahren, wo sie im wahrsten Sinne des Wortes Streicheleinheiten erfahren. Kein Roboter dieser Welt wird solche Individualität jemals bieten können.
Welch tollte Aussichten!

Dies war und ist ganz speziell auch in Zukunft eine einmalige und unschätzbare Handarbeit. Eine Handarbeit, die leider heute von vielen viel zu geringschätzig und viel zu billig angeboten wird.

Auch dies ist ein Thema, das mich umtreibt. Diese „Geiz ist geil"-Mentalität speziell der Deutschen, oder „wenig schaffen und viel verdienen" oder diese unsägliche Missgunst und die ewigen Neiddebatten laufen meiner inneren Einstellung zu Mensch und Arbeit vollkommen zuwider. Auch hier behaupte ich, dass gerade das Handwerk und speziell der Friseur noch sehr teuer wird, weil niemand mehr wirklich arbeiten will. Denn dies wird im Handwerk und insbesondere beim Friseur immer bleiben.

Wer mehr haben will, muss mehr arbeiten. Bei uns heißt es: lieber einen Kunden mehr bedienen als einen weniger.

Dies ist natürlich bei den Einstellungen und Ideologien in der heutigen Zeit nur schwer vermittelbar. Heute wollen alle studieren und einen tollen Job haben, viel Freizeit, aber trotzdem einen gigantischen Lohn. Viele Häuptlinge und wenige Indianer.
Dies wird als Friseur nie funktionieren. Und das ist gut so!

Dafür erhalten wir eine hohe Anerkennung und eine sehr große Wertschätzung. Dinge, die man nie erkaufen kann und die mindestens so viel bedeuten wie Geld. Genau diese Werte sind es, die diesen Beruf Friseur einzigartig machen und weshalb ich ihn wieder erlernen würde.

Heute weiß ich, mein Berufsleben hat mich erfüllt und ich bin stolz Friseur zu sein!

Markgräfler Tagblatt

Schopfheim

Freitag, 19. Dezember 201-

Meister von 80000 Haarschnitten

50 Jahre Friseur, davon 40 in Schopfheim: Dieter Zimmermann übergibt seinen Salon seiner Tochter

Schopfheim (ma). Generationen von Schopfheimern haben diesen Friseursalon besucht, und Generationen von Meistern sind es auch, die die Köpfe der Menschen verschönert haben. Nach 50 Jahren als Friseur, davon seit 40 Jahren in Schopfheim tätig, übergibt Dieter Zimmermann im Januar seinen Betrieb an seine Tochter Jasmin Schöne .

„Eine neue Zeit beginnt", kündigt Dieter Zimmermann an, der selbst aus einem elterlichen Friseurbetrieb stammt und nun stolz ist, sein Schopfheimer Geschäft in der Entegaststraße an seine 37-jährige Tochter übergeben zu können.

Für den gebürtigen Zeller stand früh fest, dass er auch einmal in die Fußstapfen seiner Eltern, beide Friseure mit einem Geschäft in Zell, treten würde. Sein Vater habe es ganz geschickt angestellt, erinnert sich schmunzelnd Dieter Zimmermann, der zwar auch mit dem Gedanken spielte, Bauingenieur zu werden, dann aber doch lieber sein Talent für den Friseurberuf ausbaute. Als Filius hatte Zimmermann zwar noch die mangelnde

Tochter und Vater: Die Friseurmeister Jasmin Schöne und Dieter Zimmermann im Salon, der seit 40 Jahren in der Entegaststraße seinen Sitz hat. Foto: Petra Martin

„Das war wie Hochleistungssport".

te „totale Exaktheit und „Schnelligkeit bei gleichbleibender Qualität" - und holte sich als Jungfriseur in Paris den Weltpokal. „Das war wie Hochleistungssport", be-

Weiterentwicklung des Könnens von Salonmitarbeitern, denn immer stand für Dieter Zimmermann fest: „Es kommt auf die Qualität an." Dann kämen die Kunden, dann stimme

Seit er 1974 den Salon in Schopfheim bezog, wurde dreimal umgebaut. Im Betrieb arbeiten vier Meister und eine Gesellin, stets langjährige Mitarbeiter; in Verbindung mit

In dem halben Jahrhundert als Friseur habe es indes „dramatische Veränderungen" in seinem Handwerk gegeben, sagt der Meisterfigaro, für den das Wort „ondulieren" kein Fremdwort ist. Die Zeit der Brennscheren, Dauerwellen und Trockenhauben ist indes passé oder zumindest fast vergangen. „Früher gingen die Leute zum Friseur zum Haare kurz schneiden", weiß Zimmermann zu berichten.

Dann war das erledigt, und es habe wieder für eine Zeit lang reichen müssen. Auch die Zeiten, in denen es hieß, erst 14 Tage nach dem Schnitt sitze die Frisur richtig, seien vorbei. „Heute muss die Friseur sofort sitzen - der Schnitt ist die Friseur", betont Zimmermann. „Die Wertigkeit ist eine andere": Ein Friseurbesuch diene - anders als vor 50 Jahren - auch der Erholung der Kundin, die im Salon mal eine Stunde nichts tun müsse und relaxen könne. Ambiente und Freundlichkeit der Mitarbeiter hätten heute einen ganz anderen Stellenwert als früher.

Wenn der 67-Jährige den Betrieb an seine Tochter übergibt, die mit neuem Schwung an die Sache geht, wird es indes ein „weicher Übergang" sein: Um die dreifache Mutter, die seit 19 Jahren im Betrieb ist, etwas zu entlasten, wird Dieter Zimmermann nach der Übergabe noch an drei Tagen

2. Januar 2015: Übergabe meines Geschäftes nach 50 Berufsjahren an meine Tochter Jasmine Schöne, ebenfalls Friseurmeisterin.

Friseur in der Zukunft

Wie wird die Welt in 70 Jahren sein?
Gibt es da überhaupt noch einen Friseur?
Gibt es überhaupt auch noch Haare auf dem Kopf?
Werden Maschinen zum Schneiden oder Färben oder Pflegen eingesetzt?
Werden Roboter diese Arbeiten ausführen?
Werden Computer und Apps dies alles erledigen, so wie es heute eine App gibt, die die Schuhe binden kann?

Ganz sicher wird es Haarwaschmaschinen geben mit allen erdenklichen Programmen. Eines aber werden diese ganz sicher nie geben können, nämlich das Gefühl der Hände, die so empathisch, gefühlvoll und mit sehr viel Berufspathos individuell die Wünsche des Kunden erfüllen können.

Die Zeit wird noch hektischer werden, die Menschen noch gefühlskälter und ärmer an zwischenmenschlichen Begegnungen. Gespräche, die Freude oder Sorgen mit sich bringen, die man nur dem Friseur oder dem Arzt erzählt, werden verschwinden.

Der Friseur als Beichtvater, wer weiß? Vielleicht wird gerade der Beauty-Salon einer der letzten Orte sein, wo man all diesem Trend entfliehen kann.

Ich jedenfalls bin froh, in einer Zeit aufgewachsen zu sein, wo vieles erst im Aufbau war, vieles nicht selbstverständlich und vieles ruhiger und herzlicher zuging. Ich durfte das Erbe meiner Eltern in Zusammenarbeit und im Zusammenhalt mit meiner Schwester Iris bis heute weiterentwickeln und zur Weiterführung in dritter Generation an meine Tochter Jasmine Schöne übergeben. Wir haben sicherlich dazu beigetragen, diesen wunderschönen Beruf in Qualität und Prestige so zu präsentieren, dass er es wert war zu erlernen.

Es war immer unser Ziel, unseren Namen zur Marke zu machen. Nie billig, sondern preiswert. Der zu jeder Minute gegebenen Qualität, dem Einsatz und Verzicht angemessen.

Als Auszeichnung bekamen wir den Titel „Intercoiffure" (siehe folgende Seiten), eine Auszeichnung vergleichbar mit Sternen in der Gastronomie. Von 70.000 Friseuren gehören wir heute zu den auserlesenen 600 Intercoiffeuren Deutschlands. Jedes Jahr wird über Testkunden diese Auszeichnung überprüft und abgetestet.

Eine Überprüfung, die letztlich nur dem Kunden oder der Kundin zugutekommt. Mit diesem Anspruch und der Herausforderung möchten wir die Zukunft angehen.

Es gibt nichts Gutes, außer man tut es!

intercoiffure Deutschland

Eine Vereinigung für das 5-Sterne-Friseurhandwerk

5 Sterne: das gibt es nicht nur bei Hotels und Gaststätten, sondern auch bei Friseuren. Die Vereinigung, die diese Sterne vergibt und damit Spitzenfriseure auszeichnet, nennt sich intercoiffure. Sie wurde 1925 von schweizer, deutschen, französischen und englischen Friseuren gegründet. Intercoiffure ist heute ein einzigartiges Netzwerk der Premiumfriseure. Mit rund 3.500 Mitgliedern in 55 Ländern auf fünf Kontinenten ist es außerdem die weltweit größte private Vereinigung ihrer Art.

Zur Zeit dürfen in Deutschland ca. 650 Salons (von über ca. 70.000) die Auszeichnung „Intercoiffure" führen, darunter befindet sich auch der Premiumsalon von Dieter Zimmermann in Schopfheim. Markenzeichen bzw. Qualitätslogo der Interoiffure ist ein fünfzackiger Stern mit stilisierter Weltkugel.

Schon seit der Gründung legt die Vereinigung einen besonders hohen Anspruch an die fachliche und menschliche Qualität der Mitglieder (Ethikkodex). Neben der fachlich herausragenden Qualität gehören das Premium-Salonambiente, eine erkennbare menschliche, ethische und moralische Gemeinsamkeit, eine bedingungslose Kundenorientierung und die beste Ausbildung des Nachwuchses zu den Aufnahmekriterien.

Die Einhaltung dieser Kriterien wird jährlich durch Intercoiffure geprüft. Nur wer die Prüfung besteht, bekommt erneut für ein weiteres Jahr den begehrten Intercoiffure-Stern verliehen.

Interviews* mit langjährigen KundenInnen

Mein Herz ausschütten

Seit über 30 Jahren ist Martina Volz aus Steinen Kundin bei Zimmermanns. Anfangs wurde sie meist von Angestellten bedient, nach und nach ist sie dann durchgerutscht in die „Chefetage". Seit 20 Jahren wird sie nun persönlich von Dieter Zimmermann bedient.

Pferd Lori: Ihre Leidenschaft und große Kraftquelle

„Herr Zimmermann bietet ein bestimmtes Niveau an, vor allem in zwischenmenschlicher Hinsicht", beschreibt die im Elisabeth-Krankenhaus in Lörrach tätige Kinder-Krankenschwester sein Wirken. „Wir haben immer viel über private Dinge gesprochen, auch über Krisensituationen, in denen ich mich befand. Hier konnte ich immer mein Herz ausschütten, mir von der Seele reden." Für Frau Volz war jeder Besuch immer ein Moment des Aufatmens und des Innehaltens. „Und seit Jahren gibt es immer Kaffee schwarz mit Keks und manchmal auch mit Schokolade", freut sie sich.

Das gemeinsame Thema war jedoch die Fasnacht. „Da haben wir uns immer wieder ausgetauscht." Denn seit vielen Jahren ist sie in der Dahlauer Narrenclique Aftersteg unterwegs. Dieser Fasnet-Vereinigung hält sie schon seit 30 Jahren die Treue.

Der Gang zum Friseur, den sie alle 6 Wochen einplant, ist eine wichtige Konstante in ihrem Leben. Bei Dieter Zimmermann fühlt sie sich frisurentechnisch sehr gut aufgehoben. Und: „Wir haben die gleiche Wellenlänge und ich schätze seinen Humor", ergänzt sie. „Aber auch die Angestellten bei Zimmermanns sind auf hohem Niveau unterwegs, das gerade heute, in den Zeiten des Fachkräftemangels, keine Selbstverständlichkeit ist", betont sie abschließend.

Bob mit geradem Pony: eine der coolsten Frisuren

Sie war immer auf der Suche nach einem geeigneten Friseur, vor 35 Jahren hat sie ihn gefunden: Dieter Zimmermann. „Ich habe immer jemanden gesucht, der mir einen Bob mit geradem Pony schneidet, aber niemand hatte es richtig gemacht", erzählt die Bad Säckingerin Ursula Döbele. Anfangs der 80er-Jahre, als Dieter Zimmermann noch einen Salon in ihrer Stadt besaß, ist sie bei ihm glücklich gelandet. Jetzt fährt sie regelmäßig, alle 5 bis 6 Wochen, zu ihm nach Schopfheim, um sich ihre Traumfrisur schneiden zu lassen.

„Die Haare verlangen es so", sagt Ursula Döbele zu ihrer Frisur, die von der Zeitschrift „Brigitte" zu den coolsten Frisuren überhaupt gezählt wird. Bei Zimmermanns schätzt sie die gute Atmosphäre, das Team und auch die Umgebung. Ihr Resümee: „Ich war immer sehr zufrieden."

**Die Interviews führte der Herausgeber des Buches, Johannes Rösler*

Schneiden mit Leib und Seele

Seit 40 Jahren ist Stefan Klever, Unternehmer aus Schopfheim, schon treuer Kunde im Friseurgeschäft von Dieter Zimmermann. Selbst sein Vater ließ sich bereits vom Vater Zimmermann die Haare schneiden.

Alle vier Wochen geht Stefan Klever, der acht Schuhgeschäfte in Schopfheim, Lörrach, Bad Säckingen und auch in Konstanz betreibt, regelmäßig zum Haareschneiden in die Entegaststraße in Schopfheim. In der Regel lässt er sich einen einfachen Männerhaarschnitt machen. Seine Bilanz: „In all den Jahren ging immer alles glatt und alles war perfekt.“

Oft wurde er vom Chef persönlich bedient. „Mit Leib und Seele ist Dieter dabei“, lobt er seinen „Hausfriseur“. Da beide früher gemeinsam im Gewerbeverein Schopfheim aktiv waren, gab es auch immer genügend Gesprächsstoff. Meist ging es dabei um die Stadtpolitik. „Auch über andere Themen, auch privater Art, haben wir uns ausgetauscht“, berichtet Stefan Klever, der seit vielen Jahren im Gewerbevereins Schopfheim den Vorsitz innehat.

Die Buch-Initiatorin

Ihr ist es zu verdanken, dass dieses Buch entstanden ist: Gabriele Rellermeier. Die ehemalige Lehrerin an der Waldorfschule, die seit über 10 Jahren treue Kundin bei Dieter Zimmermann ist, hatte ihn immer wieder angeregt, die Geschichte seines Friseursalons mal aufzuschreiben. „An keinem Beruf wie dem des Friseurs wird so deutlich, wie der Wandel von Moral, Sitten, Gebräuchen und Erziehung in der Gesellschaft erfolgt ist", begründet sie ihren Anstoß. Für sie sei es erstaunlich, wie in kurzer Zeit so viele Veränderungen im Friseurgewerbe vonstatten gegangen sind. „Früher war der Salon zugehängt, das Frisieren musste im Geheimen erfolgen. Heute ist alles offen und einsehbar", resümiert Frau Rellermeier. In diesem Berufszweig zeige sich besonders auch die Emanzipation der Frau. Sie bestimmt heute selbst über Form, Farbe und Gestaltung und wie oft sie zum Friseur geht.

Stolz auf die grauen Haare sein

Besonders schätzt Frau Rellermeier an ihrem Hausfriseur, dass er Frauen, die sich bisher ihre grauen Haare gefärbt hatten, angeregt hat, doch zu ihnen zu stehen und stolz auf ihre natürlichen Haare zu sein. Er hat auch sie überzeugt, dass sie besser zu ihrem Typ passen würden. Das Grau sei viel lebendiger als die Einheitsfarbe bei der Einfärbung. „Und alle sind dabei geblieben", konstatiert Frau Rellermeier. Damit habe er ihnen Selbstbewusstsein gegeben.

Die alten Stühle waren bequemer

Seit 1995 hält Dr. Clemens Sidorko dem Salon Zimmermann seine Treue. „Sehr gute Bedienung, angenehme Atmosphäre“, schwärmt er von seinen Besuchen aller 4 Wochen in der Entegaststraße in Schopfheim.

Der Osteuropa-Historiker und Islamwissenschaftler lässt sich nebst seinen Haaren auch immer seinen Bart schneiden. In sein Lob mischt sich aber auch ein Wermutstropfen. „Vor einiger Zeit wurde der Laden neu eingerichtet und dabei wurden die schönen, alten Stühle ausgetauscht“, erzählt er. Seitdem sei es nicht mehr so bequem für ihn, vor allem beim Bartschneiden. „Die alten Stühle hatten noch eine Nackenstütze, wo ich mich bequem zurücklehnen konnte, jetzt geht das nicht mehr“, beklagt er die neue Situation. Dagegen spannend findet er, dass jetzt nicht mehr ein Rasierapparat mit einem Arm von der Decke hängt, um den Nacken zu rasieren. Heute kommen dafür Handapparate mit Akku zum Einsatz.

Ein besonderes Lob möchte Herr Sidorko noch aussprechen: „Ich freue mich, dass Dieter Zimmermann zu meiner 89-jährigen Mutter, die nicht mehr außer Haus kann, ins Haus kommt und sie hier frisiert.“

Vom jüdischen Buchdruck bis zu den Kaukasuskriegen

Dr. Sidorko hat bereits mehrere Publikationen herausgegeben und zwei Bücher geschrieben. Das Buch „Basel und der jüdische Buchdruck. Kulturexport in der Frühen Neuzeit" enthält eine umfassende Studie zum jiddischen Buchdruck, seinen Akteuren und Erzeugnissen in der Zeit von 1557 bis 1612.

Im Buch „Dschihad im Kaukasus. Antikolonialer Widerstand der Dagestaner und Tschetschenen gegen das Zarenreich" (s. Abbildung) erzählt er die Geschichte einer Vielvölkerregion zwischen Rebellion und Anpassung. Er legt damit zum ersten Mal im deutschen Sprachraum eine historische Gesamtdarstellung der Kaukasuskriege vor.

Kommunalpolitischer und witziger Austausch - beim Haareschneiden

16 Jahre lang - von 2003 bis 2019 - war Christof Nitz nicht nur Bürgermeister von Schopfheim, sondern auch regelmäßiger Kunde im Friseur-Salon Zimmermann. Mit der Amtsübergabe an seinen Nachfolger zog er sich wieder in seinen ehemaligen Wohnort Ballrechten-Dottingen zurück und gründete eine Consultingfirma. Parallel ist er Dozent an der Hochschule für öffentliche Verwaltung in Kehl und hält Vorlesungen über Kommunalrecht.

Der ehemalige Bürgermeister als „Kellner" beim Pfännle 2015

„Er hat meine Haare immer gut in Form gebracht und ich war sehr zufrieden damit", beschreibt der ehemalige Bürgermeister seinen zweiwöchentlichen Besuch bei Dieter Zimmermann. Und: „Während des Frisierens haben wir uns immer kommunalpolitisch ausgetauscht." Beide verband auch eine gemeinsame Leidenschaft: Witze erzählen. „Wir haben uns die neuesten Witze erzählt und viel gelacht", beschreibt Nitz seine Erinnerungen an den 20 bis 25 Minuten dauernden Haarschnitt.

Der 1964 in Furtwangen geborene, ehemalige Bürgermeister von Schopfheim hat in seiner Amtszeit vielfältige Projekte auf den Weg gebracht. So ist es ihm beispielsweise zu verdanken, dass mit dem

„Sommersound", dem Beach-Volleyball-Turnier und dem Open-Air-Kino eine Veranstaltungsreihe etabliert wurde, die jedes Jahr Tausende von Menschen in den Bann zieht und auch landkreisweit beliebt ist. Die im September 2019 eröffnete, erste Fußgängerzone in Schopfheim trägt ebenfalls seine Handschrift.

Gleiche Wellenlänge

„Er ist ein Perfektionist und Profi", konstatiert Thea Adelbrecht und begründet damit, warum sie schon seit über 25 Jahren zu Dieter Zimmermann geht. „Ich lege viel Wert auf Details und er versteht es, dies umzusetzen", erzählt die Unternehmerin, die drei Mode-Geschäfte in der Stadt betreibt: Adelbrecht Woman in der Hauptstraße 49 und Adelbrecht Man und Work im Pflughof 9 - 10.

„Man spürt auch seine Passion, nichts ist oberflächlich. Das fängt bereits beim Haarewaschen an", führt sie weiter aus. „In der Anfangszeit waren Dauerwellen-Frisuren angesagt, danach Pagenschnitte und Kurzhaar-Schnitte, schlussendlich hat mich Dieter Zimmermann überredet, die Haare wieder wachsen zu lassen. Die Trends müssen ja auch zum Typ passen - das versteht er par excellence umzusetzen - deshalb habe ich ihn gerne vielen meiner Kunden empfohlen."

Ebenso auf den guten Gesprächsaustausch beim Frisieren kommt sie zu sprechen. „Wir haben über alle Themen geredet. Wir haben die gleiche Wellenlänge“, ergänzt Thea Adelbrecht.

Ihre drei Geschäfte präsentieren Mode für Sie und Ihn, Freizeit-, Business- und Arbeitskleidung. Dabei reicht ihr Sortiment von A bis Z - von Arzt bis Zimmermann. Neu im Portfolio ist trendige Mode für Jungs und Mädels.

Dieter Zimmermann: „Der geistige Vater der Nessler-Ausstellung in Todtnau”

Seit 1970 ist sie Kundin von Dieter Zimmermann: Monika Schneider. „Es war ein Glücksfall für mich, Herrn Zimmermann gefunden zu haben“, erzählt die in Todtnau geborene, ehemalige Touristikfachfrau. Seit dieser Zeit bestehe eine enge Verbindung und Zusammenarbeit. „Er hat mit mir immer darüber gesprochen, dass sich doch Todtnau mehr um den Nessler kümmern sollte, der im Jahre 1872 in Todtnau geboren wurde und die Dauerwelle erfunden hat“, kommentiert sie ihre Besuche bei Herrn Zimmermann. Seine Anregung setzte sie daraufhin um, u.a. mit Hilfe des Vereins Kulturhaus Todtnau. Im Jahre 2006 konnte dann anlässlich des 100. Jahrestages der Erfindung der Dauerwelle durch Karl Ludwig Nessler eine Ausstellung eingeweiht werden (siehe auch folgende Seiten).

Frau Schneider: „Dieter Zimmermann ist damit der geistige Vater unseres jetzigen Museums in Todtnau.“

Das Nessler-Museum in der Spitalstraße 1b ist heute eine wichtige Adresse in Todtnau und hat die 5000 Einwohner zählende Schwarzwaldgemeinde bundesweit bekannt gemacht. Zu besichtigen sind viele Gerätschaften der damaligen Zeit, Dokumente und Erinnerungen aus den „Kindertagen" der Dauerwelle. 10 Jahre zuvor, im Jahre 1996, wurde der Nessler-Preis ins Leben gerufen, der alle drei Jahre an eine besonders verdiente und engagierte Persönlichkeit des Friseurhandwerks vergeben wird. Mit 2 500 Euro ist er der höchstdotierte Handwerkspreis.

Blick ins Museum

Eingang zur Dauerwelle-Nessler-Ausstellung, Spitalstraße 1b 79674 Todtnau

Eine haarige Erfindung erobert die (Frauen-) Welt

Er hat das Gesicht der Welt, insbesondere von Frauen, verändert: Karl Ludwig Nessler. Der 1872 in Todtnau geborene Schwarzwälder erfand im Jahre 1906 etwas Revolutionäres, was die Frauen sinnlicher und schöner machte: die Dauerwelle, nebst Technik zu ihrer Herstellung. Mit seinen Dauerwellenapparaten, die anfangs mehr an Folterinstrumente als an Schönheitsgeräte erinnerten, konnte er dauerhafte Locken in die Haare der Frau zaubern. Zwar gab es damals schon das Ondulieren, jedoch waren hier beim ersten Waschen die Locken schnell verschwunden.

In London und später in Amerika baute der arme, aber tüchtige und kluge Mensch aus dem kleinen Schwarzwaldort ein Dauerwellen-Firmenimperium auf, wo er die Frauenwelt betörte und dabei Millionen verdiente. So gingen in seinen New-Yorker Salons die Damen der obersten Gesellschaft ein und aus, darunter die Frau des damaligen Präsidenten Thomas Woodrow Wilson (von 1913 bis 1921 der 28. Präsident der Vereinigten Staaten).

Seine badische Heimat hat er darüber jedoch nicht vergessen. So linderte er die Not der Todtnauer während der Inflation 1923 durch viele harte Dollars. Die Erinnerung an den großen Todtnauer und seine haarige Erfindung wird durch eine Ausstellung bzw. ein Museum in Todtnau wach gehalten.

Ein Gedicht zum Jubiläum „100 Jahre Dauerwelle“ im Jahre 2006, zur Eröffnung der Ausstellung, von Benno Dörflinger:

Todtnau feiert

Vor hundert Jahren ist’s geglückt,
die Damenwelt, sie war entzückt.
Nach langem Proben, Prüfen war,
zu formen jetzt das Frauenhaar.

Karl Ludwig Nessler, hier geboren,
hat niemals seinen Mut verloren.
Hat eine große Tat vollbracht,
die allen Frauen Freud‘ gemacht.

Heute, hundert Jahr‘ danach,
Erinnerungen werden wach.
An ihn, der Vorbild ist gewesen,
Karl Ludwig Nessler - unvergessen.

30seitige Broschüre über Karl Ludwig Nessler

Geräte und Hilfsmittel zur Herstellung einer Dauerwelle im Jahre 1906

Einblicke in das Nessler-Museum in Todtnau

Bildnachweis

J. Rösler: 25, 34, 48, 51, 65, 101, 102, 104 - 107, 109, 110

D. Zimmermann: 12, 40, 55 - 57

pixabay: Cover, 33, 39, 44, 47, 63, 73

Encyclopaedia Britannica, Clive Dixon: 36

Friseurschule Amann: 59

A. Bertsch: 92, M. Volz: 98, S. Klever: 100